• Guias Ágora •

Os Guias Ágora são livros dirigidos ao
público em geral,
sobre temas atuais, que envolvem
problemas emocionais e psicológicos.
Cada um deles foi escrito por
um especialista no assunto,
em estilo claro e direto,
com o objetivo de oferecer conselhos e
orientação às pessoas que
enfrentam problemas específicos,
e també

Os Guias descr
do dist
por meio
oferecem sug
o leitor a lidar com suas dificuldades
e a procurar ajuda profissional adequada.

CB032580

Dados Internacionais de Catalogação na Publicação (CIP)
(Câmara Brasileira do Livro, SP, Brasil)

Markham, Ursula
  Aborto espontâneo : esclarecendo suas dúvidas / Ursula Markham ; [tradução Carmen Fischer]. – São Paulo : Ágora, 2004. – (Guias Ágora)

Título original: Miscarriage
Bibliografia.
ISBN 85-7183-822-4

1. Aborto espontâneo – Aspectos psicológicos 2. Aborto espontâneo – Obras de divulgação I. Título. II. Série.

	CDD-618.392019
04-0631	NLM-WQ 225

Índice parara catálogo sistemático:

1. Aborto espontâneo : Aspectos psicológicos :
Obras de divulgação : Medicina   618.392019

Compre em lugar de fotocopiar.
Cada real que você dá por um livro recompensa seus autores
e os convida a produzir mais sobre o tema;
incentiva seus editores a encomendar, traduzir e publicar
outras obras sobre o assunto;
e paga aos livreiros por estocar e levar até você livros
para a sua informação e o seu entretenimento.
Cada real que você dá pela fotocópia não autorizada de um livro
financia um crime
e ajuda a matar a produção intelectual em todo o mundo.

Aborto espontâneo

Esclarecendo suas dúvidas

Ursula Markham

EDITORA
ÁGORA

Do original em língua inglesa
MISCARRIAGE
Copyright © 1998 by Ursula Markham
Publicado na Grã-Bretanha em 2001
por Vega Books, Londres, Reino Unido.
Direitos desta tradução adquiridos por Summus Editorial

Tradução: **Carmen Fischer**
Capa: **Neide Siqueira**
Ilustração da capa: **Moira Wills**
Editoração e fotolitos: **Join Bureau**

Nota da Editora:
As informações contidas nos Guias Ágora
não têm a intenção de substituir a
orientação profissional qualificada.
As pessoas afetadas pelos problemas
aqui tratados devem procurar médicos,
psquiatras ou psicólogos especializados.

Editora Ágora
Departamento editorial:
Rua Itapicuru, 613 – 7º andar
05006-000 – São Paulo – SP
Fone: (11) 3872-3322
Fax: (11) 3872-7476
http://www.editoraagora.com.br
e-mail: agora@editoraagora.com.br

Atendimento ao consumidor:
Summus Editorial
Fone: (11) 3865-9890

Vendas por atacado:
Fone: (11) 3873-8638
Fax: (11) 3873-7085
e-mail: vendas@summus.com.br

Impresso no Brasil

*Para Philip e David,
com todo o meu amor.*

Numa nuvem, eu vi uma criança.
William Blake, *Songs of innocence*

Sumário

Introdução 9

1. A perda 11

2. O aborto no início da gravidez 27

3. O aborto em fase avançada da gravidez 37

4. Memorial 51

5. Outras pessoas 63

6. Ajuda e auto-ajuda 75

7. Terapias complementares 89

8. Encarando o futuro 97

9. Ajuda em todas as fases da gravidez 113

Leituras complementares 121

Introdução

"A experiência mais solitária que já tive." Foi assim que uma jovem mulher descreveu o que sentiu quando abortou. Mesmo tendo recebido todo o amor e apoio de seu marido, familiares e amigos, sentiu que ninguém era realmente capaz de compreender o que ela havia passado. E essa mulher poderia ser considerada uma das mais privilegiadas: muitas outras têm de passar pelo sofrimento de perder uma criança sem o apoio do parceiro ou de um familiar próximo.

Há alguns anos pediram-me para proferir uma palestra na Miscarriage Association e, como psicóloga e hipnoterapeuta, oferecer ajuda e conselhos. A palestra deveria ser um evento isolado, mas fiquei tão comovida com os relatos de algumas mulheres presentes que decidi continuar trabalhando com muitas delas em longo prazo. Até hoje continuo trabalhando com aquelas que entraram para a Associação mais recentemente – e foi com base nesse trabalho que surgiu este livro.

Como parte da pesquisa para esta obra, entrevistei muitas mulheres que tiveram uma ou mais experiências de aborto espontâneo, além daquelas com as quais trabalhei pessoalmente. Todos os depoimentos aqui apresentados são verdadeiros – apenas os nomes foram alterados.

Com este livro, espero de alguma maneira poder ajudar tanto as mulheres que abortaram quanto as pessoas que com elas convivem a lidarem com os sentimentos de perda que o aborto envolve. Que ele possa ajudá-las a entender por que sentem o que sentem e minimizar os medos que surgem naturalmente quanto ao sucesso de futuras gestações.

Se você já passou pela experiência do aborto espontâneo ou se conhece alguém que tenha passado, este livro é para você, com todo o meu amor.

CAPÍTULO 1

A perda

"Por que eu?" é a pergunta que faz quase toda mulher que aborta. "O que fiz de errado?"

É muito importante saber que a probabilidade de o aborto ter sido causado por qualquer coisa que você tenha feito ou deixado de fazer é muito pequena. Existem, é claro, certos casos em que pode ser apontada uma causa médica. Certos abortos são conseqüência, por exemplo, do fato de a mulher ter aquilo que é conhecido como *incompetência ístmico-cervical*. Isto significa que o colo do útero não tem força suficiente para reter o peso da criança em desenvolvimento. Ele se abre cedo demais e, com isso, a mulher aborta. Entretanto, só um entre quatro casos de gravidez pode acabar em aborto espontâneo e, em sua grande maioria, ninguém é capaz de determinar um causa específica.

Existem também, é claro, cuidados básicos com a saúde, que devem ser seguidos durante a gravidez – como abster-se de fumar e tomar bebidas alcoólicas, cuidar da alimentação, descansar etc. –, mas há casos de mulheres que ignoraram todas essas recomendações e tiveram gestações bem-sucedidas, enquanto outras, que tomaram todos esses cuidados, abortaram.

Um aborto espontâneo pode ocorrer de diferentes maneiras. Uma mulher poderá ter um curto período de desconforto ou dor, seguido quase imediatamente pela perda da criança. Em outra podem surgir manchas de sangue ou

12   *Aborto espontâneo*

sangramento leve – que podem aparecer e desaparecer muitas vezes – e, como é comum que muitas mulheres sangrem um pouco durante a gravidez, ela pode nem perceber o que está acontecendo. Algumas têm dor na barriga ou na parte inferior da coluna, enquanto outras não sentem absolutamente nada. Às vezes a sensação é mais intuitiva – como uma mulher me disse: "Eu não conseguia descrever o que estava sentindo, só sabia que algo estava errado".

Outras ainda abortam logo no início da gravidez, o que pode simplesmente parecer uma menstruação mais forte em conseqüência do atraso. Essas mulheres podem nem saber que estavam grávidas até que isso seja posteriormente revelado por exame médico ou que elas próprias cheguem a essa conclusão ao considerarem o ocorrido.

O aborto espontâneo é passível de ocorrer a qualquer momento até o final da 24ª semana de gravidez; depois disso, a ocorrência é, segundo a medicina, considerada *parto de natimorto*. Uma das dificuldades de muitas mulheres é lidar com o fato de, além do exame físico e do tratamento, como dilatação e curetagem, por exemplo, haver pouca assistência posterior – e em certos lugares, absolutamente nenhuma. Como Diane me contou:

> Eu perdi meu primeiro bebê na vigésima semana de gravidez. O aborto pegou-me totalmente de surpresa, já que me sentia perfeitamente bem ao ir para a cama, mas acordei na manhã seguinte com muita dor e percebi que estava sangrando bastante. Meu marido chamou o médico, mas quando ele chegou já era tarde.
>
> Fui submetida a um exame físico, o qual revelou que o aborto tinha sido o que eles chamam de "completo" – que ocorre quando todo o tecido do útero se desprende – e que, por isso, não era necessário nenhum procedimento cirúrgico, como dilatação e curetagem. O médico foi muito atencioso, mas informou-me que eu não teria direito a nenhum acompanha-

mento médico, já que o ocorrido seria apenas uma dessas "coisas da vida" e que eu muito provavelmente teria uma gestação bem-sucedida da próxima vez.

E foi isso. Ninguém veio falar conosco, ninguém respondeu a nossas perguntas, nos confortou ou deu qualquer outra forma de apoio. Fomos simplesmente abandonados em um estado deplorável para seguirmos em frente como se nada tivesse acontecido. E para piorar fui informada de que não teria direito a nenhum exame ou tratamento antes de ter sofrido três ou mais abortos.

Afinal, acabei tendo duas meninas saudáveis e fortes nos quatro anos seguintes, mas nada me fará esquecer a total desolação que senti, como se tivesse sido abandonada. Se não fosse o grupo local da Miscarriage Association, não sei o que teria sido de mim.

Se você se sente assim, abandonada, marque uma hora com seu médico ou agente de saúde e exponha todas as suas dúvidas. Mesmo que ninguém possa determinar a causa definitiva do aborto, eles podem pelo menos indicar possibilidades e hipóteses para o futuro.

O aborto de Sally foi bem diferente. Como teve sintomas que pareciam sérios, ela foi levada para o hospital, mas, mesmo com a assistência médica que recebeu, perdeu o bebê.

Embora, ao contrário de Diane, Sally tenha percebido que estava prestes a abortar, ela naturalmente ficou muito preocupada. No entanto, o que piorou ainda mais as coisas foi o fato de ter ouvido o médico dizer para a enfermeira que ela havia tido um "aborto espontâneo".

Apesar de ser esse o termo médico correto, a palavra "aborto" tem um significado totalmente diferente para a maioria das pessoas. Em muitos lugares, esse termo é evitado sempre que possível por equipes médicas que são suficientemente sensíveis para perceber a dor que ele pode causar. Mas se você ouvir essa palavra sendo dita a seu res-

14 *Aborto espontâneo*

peito ou de alguém que você ama, entenda que é apenas um termo médico, o qual não implica que algo tenha sido feito deliberadamente para interromper a gravidez*.

Talvez uma das coisas mais difíceis para uma mulher aceitar seja o fato, no caso do aborto espontâneo, de ela não ter nenhum controle sobre a situação ou sobre o que está ocorrendo em seu corpo. Uma jovem me disse que sentira que o processo tinha assumido tal proporção que era como se ela fosse apenas uma espécie de máquina deixando de funcionar, não havendo absolutamente nada que pudesse fazer.

Embora você possa chegar a um ponto em que não seja possível controlar o processo do aborto, certamente tem capacidade para controlar o que virá depois – e é importante fazer isso. A seguir, vamos tratar dos diversos modos pelos quais você pode assumir o controle, tanto sobre como lidar com a dor quanto sobre seu estado físico e emocional ao contemplar a possibilidade de uma futura gravidez.

Por enquanto, é extremamente importante entender que você sofreu uma perda. Não importa se estava no quarto ou quinto mês de gravidez ou se descobriu que estava grávida apenas uma semana antes. Você perdeu a criança que estava esperando e deve se permitir – e até mesmo ser estimulada a – vivenciar a dor dessa perda para poder aceitar a situação e seguir em frente.

Existem seis estágios principais na vivência da perda, pelos quais todos passamos quando perdemos alguém, seja nossa avó de 90 anos ou o bebê que estávamos esperando. São eles: negação, sentimento de perda, raiva, culpa, medo

---

* O termo usado comumente em inglês para designar o que para nós significa *aborto espontâneo* é *miscarriage*, sendo a expressão *spontaneous abortion* reservada à medicina. (N. T.)

e ressentimento. Se não entender que é normal sentir todas essas emoções, poderá achar que há algo de errado em você por tê-las.

NEGAÇÃO

A fase de negação da perda pode durar pouco ou muito tempo. É uma reação comum ao choque causado pela perda, em que a pessoa atingida age como se nada de grande importância tivesse acontecido e parece retomar a vida cotidiana muito rapidamente. Ela pode não derramar nenhuma lágrima, não dizer uma palavra sobre como está se sentindo ou como poderia ter sido. Pode parecer que a mulher que se comporta dessa maneira após ter sofrido um aborto esteja lidando extremamente bem com a perda, mas é necessário que a tristeza seja colocada para fora. Sabendo disso, o terapeuta experiente irá guiá-la para expressar seus sentimentos, permitindo que ela chore ou demonstre qualquer outro sinal de dor que pareça apropriado diante da situação.

Isso não é tão cruel quanto pode parecer. Esse sofrimento tem de ser vivenciado algum dia e, enquanto isso não ocorrer, o processo de cura não poderá ser iniciado.

Margaret tinha acabado de completar três meses de gravidez quando abortou. Ela só soubera que estava grávida mais ou menos duas semanas antes da perda, e, além de seu parceiro e seus pais, ninguém mais sabia; portanto, ela não teve de lidar com as outras pessoas.

Depois de passar uma noite no hospital em conseqüência do aborto, Margaret decidiu retomar sua vida como se nada tivesse ocorrido. Recusava-se a falar no assunto, mesmo com o parceiro, e racionalizava a ocorrência com clichês do tipo: "Foi só uma dessas coisas da vida", "Acontece com muitas mulheres" ou "De qualquer maneira, provavelmente

16   *Aborto espontâneo*

havia algo de errado com o bebê e, portanto, o que aconteceu foi o melhor".

Ela retornou ao trabalho e ao convívio social que sempre tivera, e voltou também a cuidar do seu jardim. Durante cerca de quatro semanas, tudo parecia ser como antes. Então, numa manhã ela despertou com lágrimas escorrendo pelo rosto e com tamanho pânico que achou que não seria capaz de levantar. Este é o relato que fez:

> No início, não relacionei o que estava sentindo com a perda do bebê, ocorrida um mês antes. Afinal, eu parecia ter voltado ao normal tão depressa que realmente acreditei que havia superado a perda. Hugh, meu parceiro, tampouco estabeleceu a relação, mas ficou preocupado comigo e insistiu em ligar para meu médico e marcar uma consulta.
>
> Meu médico explicou que eu tivera uma reação retardada, comum em casos de aborto, e sugeriu que eu fosse para casa e tirasse uns dias de licença até me sentir melhor.
>
> De certa maneira, isso ajudou, uma vez que eu estava realmente cansada e, não tendo de ir trabalhar, podia dormir quando e quanto quisesse. Mas simplesmente não conseguia parar de chorar – mesmo que nem sempre parecesse ser por causa do bebê. A coisa que mais me assustou – e que me fez procurar ajuda – foi ter começado a dar desculpas para não ter de sair e encontrar outras pessoas. Também achava que eu devia ser alguma espécie de monstro por não ter chorado a perda do bebê quando houve o aborto, e que com certeza qualquer pessoa que tivesse um pouco de sentimento teria chorado. Comecei a achar que não merecia ser mãe.

Em nossas sessões de terapia, Margaret começou a perceber que não era nenhum monstro, nem alguém que não merecia ter filhos, mas que cada um reage a seu modo e a seu tempo a uma perda como a que ela havia sofrido. Ela estava se punindo pelo que considerava ser sua falta de sentimento, e essa punição tomou a forma de falta de auto-estima, o que lhe dava medo de entrar em contato com outras pessoas (para que elas não percebessem a pessoa "horrível" que era).

Talvez você já tenha ouvido alguém que tenha sofrido um ferimento físico grave dizer que, apesar dos ossos fraturados e dos órgãos lesados, não sentira muita dor na hora do ocorrido. O choque havia anestesiado temporariamente a dor. Algo semelhante ocorreu com Margaret e ocorre com outras mulheres na mesma situação: a dor da perda é tão grande que a mente não se sente capaz de lidar com ela no momento e, por isso, adia o extravasamento das emoções. Mas, assim como a dor física acaba retornando à pessoa ferida, chega uma hora em que a mente tem de encarar a realidade dos fatos, e todas as emoções reprimidas vêm à tona.

LUTO

Esse sentimento é uma reação saudável à perda – e certamente você o conhecerá. Mas, ainda assim, nem todos o expressam da mesma maneira.

A maioria das mulheres que passam pela experiência do aborto espontâneo tem facilidade para derramar lágrimas pelo bebê perdido e também por elas mesmas, pois o bebê já fazia parte delas. Para aquelas que têm dificuldade de chorar ou de expressar emoções, é importante que encontrem um canal de expressão para o que sentem. Talvez você queira falar com alguém sobre o assunto – seja uma pessoa próxima ou mais distante, como um agente ou profissional de saúde. Você pode também querer expressar a experiência por escrito.

Uma de minhas pacientes, que sempre teve dificuldade para demonstrar seus sentimentos, tanto por si mesma quanto pelos outros, tinha consciência do sofrimento reprimido, mas não sabia como liberá-lo. O marido tinha ainda mais dificuldade do que ela e ninguém mais sabia de sua gravidez.

Sugeri a ela que escrevesse uma carta ao bebê, dizendo o que lhe viesse à mente. Ela sabia que não teria de mostrar a carta a ninguém, mas trouxe-a consigo na sessão seguinte e pediu-me que a lesse.

Foi uma das cartas mais comoventes que já li. Começava com muita formalidade – e muita racionalidade –, explicando os fatos que haviam ocorrido e falando de sua curiosidade sobre como o bebê seria se tivesse sobrevivido. No final da primeira página, entretanto, surgia uma diferença marcante tanto no estilo quanto no conteúdo da carta. Ela falava do amor que teria dado a seu filho ou filha (o sexo ainda não era conhecido) e do quanto essa criança lhe seria importante.

No final da carta, havia um poema dizendo ao bebê que ela (a mãe) continuaria amando-o pelo resto da vida, mesmo que eles nunca voltassem a se encontrar antes do que quer que acontecesse após esta vida.

Sem perceber, essa mulher havia trabalhado para superar um dos mais importantes estágios da perda e tinha reconhecido o fato de que a morte não significa o fim do amor. Se perdemos um ente querido, como pai, mãe, amigo ou parceiro, não deixamos imediatamente de sentir amor por ele. Podemos aprender a lidar com a perda, mas o amor continua. E se você acredita que existe algo após a morte, não há nenhuma razão para alguém deixar de amá-lo(a) simplesmente por ter morrido.

RAIVA

Muita gente se surpreende com o fato de diversas vezes a raiva vir associada à dor da perda. É fácil entender por que aqueles que perderam alguém por motivo de acidente, erro ou ação deliberada por parte de outra pessoa sentem raiva. Mas por que essa emoção específica deveria estar relacionada com um fato que, por mais triste que seja, tenha ocorrido espontaneamente?

Mesmo que nem sempre a consideremos dessa maneira, a raiva é uma parte perfeitamente natural do processo de luto e merece ser reconhecida como tal. Então, se perceber que está sentindo muita raiva – seja em forma de amargura silenciosa ou de fúria explosiva –, não se preocupe, pois não há nada de errado com você. Na realidade, embora seja melhor tentar não prejudicar outra pessoa com sua raiva, tampouco é benéfico reprimi-la completamente. Uma vez reconhecida, ela logo passará.

Às vezes, a raiva sentida parece ter uma base lógica. Você pode sentir raiva de um médico, uma enfermeira ou parteira por não ter previsto a possibilidade do aborto; ou talvez de um(a) amigo(a) ou parente que espera que você volte a ser o que era muito antes de estar em condições de fazê-lo.

Em outros casos, a raiva não tem nenhuma lógica. Você pode sentir raiva quando vê famílias saindo juntas ou até mesmo porque os pássaros estão cantando. Uma mulher me contou que, imediatamente após o aborto, ela passou a sentir uma raiva próxima do ódio toda vez que via uma criança pequena de mãos dadas com a mãe ou o pai. (Estranhamente, nunca era a imagem de um bebê que inflamava sua raiva, mas a de uma criança começando a andar com a ajuda do pai ou da mãe.) Ao falar-me de seu estado emocional, essa jovem confessou que a intensidade de sua raiva a assustava. Jamais seria capaz de expressá-la em relação a essas crianças e com certeza jamais seria capaz de prejudicar alguém – na verdade, se esforçava desesperadamente para ocultar tais sentimentos, de modo que ninguém os percebesse. Mas só o fato de saber que eles existiam a deixava preocupada e somente quando compreendeu que

20 *Aborto espontâneo*

era normal senti-los e que eventualmente passariam ela pôde aceitar sua existência.

CULPA

Sentimentos de culpa costumam ser comuns em qualquer situação de perda, mas talvez sejam ainda mais comuns nas pessoas que acabaram de sofrer um aborto.

Não existe mulher que, após perder uma criança durante a gestação, não se pergunte se o que ocorreu não foi por sua culpa. Talvez, se ela tivesse sido mais cuidadosa com o que comia e bebia, se não tivesse fumado todos aqueles cigarros... Será que tudo teria começado por ela ter dirigido o carro em alta velocidade por aquela estrada esburacada?

Quando a mulher não encontra nenhuma razão para a ocorrência do aborto, é fácil que culpe a si mesma. Mas – tirando os problemas médicos – é improvável que, se a gestação estivesse avançando satisfatoriamente em todos os outros aspectos, qualquer um dos motivos mencionados a interrompesse. Uma alimentação inadequada ou excesso de álcool ou fumo durante a gravidez podem ter um efeito significativo sobre o bebê ao nascer – ele pode ser menor e menos saudável do que seria em condições normais –, mas é pouco provável que sejam a causa do aborto.

É comum, também, entre as mulheres que tenham interrompido deliberadamente uma gravidez anterior, sentir que essa pode ter sido uma das causas de um aborto posterior. Mesmo quando o exame interno prova que não houve nenhum dano e que não existe nenhuma anormalidade decorrente do aborto, a culpa costuma mostrar suas garras.

Angela havia engravidado quando ainda estava na escola, aos 15 anos. Os pais dela deram-lhe todo o apoio, mas acharam – certa ou erradamente – que ter um filho naquele

A perda   21

momento (fosse para criá-lo ou entregá-lo à adoção) não era o melhor para ela. Sugeriram que abortasse o mais cedo possível. Ela estava tão confusa que não sabia o que pensar – simplesmente queria ver-se livre de toda aquela situação. Assim, aceitou a sugestão dos pais e o aborto foi realizado numa luxuosa clínica particular. Posteriormente, Angela foi examinada e nenhuma seqüela física foi constatada, embora ela tenha ficado preocupada no início.

Com 25 anos, Angela casou-se com Fraser, e cerca de seis meses depois engravidou. Tudo correu bem até o quarto mês de gravidez, quando infelizmente Angela perdeu a criança. Como ninguém pôde lhe explicar a razão do ocorrido, ela convenceu-se de que a culpa era sua e que estava sendo "punida" por aquele aborto de anos atrás. Talvez não merecesse ter um filho; talvez fosse uma punição de Deus; talvez nunca pudesse ter um filho.

Nada disso era verdade, é claro. Esteja você de acordo ou não com a idéia do aborto, tudo isso havia acontecido quando Angela era muito jovem e estava sob a influência dos pais, que fizeram o que acharam ser o melhor para ela. E se você acredita na existência de Deus (ou espírito, ou o nome que preferir), pode compreender que uma força do bem que é tão poderosa jamais seria tão mesquinha a ponto de agir com base na lei do olho por olho...

Angela precisava entender que, como a culpa faz parte do processo de luto e, portanto, ela ia senti-la de qualquer maneira, sua mente havia se agarrado àquela fase anterior de sua vida como ponto focal. Era provável que sempre tivesse havido um sentimento de culpa subjacente e que a tragédia atual simplesmente servira para intensificá-lo. No caso de Angela, era necessário não apenas lidar com os sentimentos decorrentes do aborto recente, mas também vivenciar os sentimentos relativos ao aborto anterior, por uma combinação da hipnoterapia com a psicoterapia, para con-

22 *Aborto espontâneo*

seguir elaborar aqueles sentimentos que ela havia reprimido por tanto tempo.

O sentimento de culpa de Barbara após ter sofrido um aborto também levou-a a achar que estava sendo punida, mas por outra razão. Ela e seu marido Don eram profissionais que estavam se saindo bem em suas respectivas carreiras. Se chegavam a considerar a idéia de ter filhos, com certeza não seria naquele momento, já que ambos queriam desfrutar os prazeres da vida enquanto jovens.

Então, de repente, apesar das precauções que julgavam suficientes, Barbara descobriu que estava grávida. Ela não se alegrou. Estava prestes a subir outro degrau profissional, levava uma vida social intensa com Don, morava num luxuoso apartamento no centro da cidade... Não havia lugar nesse cenário para noites em claro, fraldas e mamadeiras.

O casal discutiu a possibilidade de aborto, mas ambos concluíram que, apesar de não terem desejado a gravidez, não se sentiam capazes de interrompê-la fria e deliberadamente. Por fim, decidiram se mudar para uma casa nos arredores da cidade e que, quando o bebê nascesse, contratariam uma babá por tempo integral para que Barbara pudesse continuar sua carreira. Mas como ela desejou que nunca tivesse engravidado!

Com o passar das semanas, entretanto, Barbara descobriu que estava gostando muito da idéia de ser mãe. Ficou bastante comovida quando sentiu pela primeira vez os delicados movimentos do bebê em sua barriga. Começou a pensar em nomes, carrinhos e creches.

Então aconteceu. Num dia ela estava grávida, sentindo-se ótima e gozando a vida, e, no seguinte, deitada na cama de um hospital por ter abortado. Nenhum aviso e nenhuma explicação. "Simplesmente uma dessas coisas da vida", foi o que lhe disseram.

Mas, como Angela, Barbara não achou que era "simplesmente uma dessas coisas...". A culpa natural que ela sentiu, como parte do processo de perda, convenceu-a de que era a culpada de tudo – de que o bebê sabia que não era desejado e preferiu não vir para pais que não o queriam. Se ao menos nunca tivesse dito que desejava não estar grávida; agora ela daria qualquer coisa para sentir a criança movimentar-se em sua barriga.

Esse também era um caso de emoções normais procurando algo em que se agarrar. No caso de Barbara, havia à disposição um gancho feito sob medida – em primeiro lugar, ela nunca havia desejado engravidar. Mas, tal qual Angela, Barbara teria de ver que aquele desejo em si não havia causado o aborto. Se tal desejo tivesse o poder de provocar um aborto, então nenhuma gravidez indesejada chegaria a seu termo, o que todos sabemos não ser verdadeiro.

MEDO

Já examinamos as quatro emoções que costumam acompanhar todo processo de perda, mas existe uma quinta que também é comum a quase todas as mulheres que passam pela experiência do aborto: o medo. Medo de nunca mais voltar a engravidar; medo de não ser capaz de completar a gestação de um bebê; medo de que seu marido ou namorado possa não querer ficar com ela se for incapaz de ter filhos.

É óbvio que certos abortos ocorrem em conseqüência de problemas físicos, que podem ser temporários ou permanentes. Em qualquer um desses casos, deve-se buscar a ajuda de profissionais e instituições competentes – sejam médicos, obstetras, agências de adoção e outros.

Mesmo nos casos em que não há nenhuma causa física, o medo existe com a mesma intensidade. Há vários pontos a ser considerados:

24 *Aborto espontâneo*

- Você não precisa se sentir ridícula por ter esse medo – é muito natural e, na verdade, seria surpreendente se não o tivesse.
- O medo é uma das causas mais importantes do *stress* e da tensão em qualquer pessoa, e é fato reconhecido que, em uma mulher sofrendo de *stress*, a probabilidade de engravidar é muito menor. Portanto, ao aceitar e reconhecer a existência do medo, procure encontrar um modo de relaxar – seja praticando ioga ou fazendo algum tratamento como hipnoterapia ou aromaterapia.
- Se o marido ou namorado a ama não vai abandoná-la, mesmo que você não seja capaz de ter filhos. (Se fizesse isso, a relação não valeria a pena e, com certeza, ele não seria um bom pai.) Mas é importante lembrar que ele também pode estar sofrendo. Sei que o sofrimento jamais é comparável ao da mulher, já que o bebê nunca fez parte do corpo dele. Quando os homens estão se esforçando muito para se mostrar fortes e proteger suas mulheres, têm dificuldade para expressar seus sentimentos em palavras.

Conversem, chorem se necessário, enfrentem juntos todos os momentos do processo de cura e sua relação sairá fortalecida ao invés de enfraquecida pela tragédia que se abateu sobre vocês.

RESSENTIMENTO

O ressentimento também é algo que ocorre freqüentemente em decorrência de um aborto. Às vezes, esse sentimento é justificado; em outras, não. É comum a mulher achar que o médico deveria saber que algo não estava certo, que o exame físico deveria ter mostrado que havia um problema ou que ela própria deveria ter percebido que as coisas não estavam indo bem.

Embora a existência desses sentimentos seja compreensível, foi demonstrado que, nos casos em que se pode detectar uma causa para o aborto, cerca de 50% deles ocorrem devido a algum defeito ou anormalidade no feto. Portanto, o conhecimento precoce do problema não teria alterado a situação. Há casos em que não existe nem mesmo o feto, mas simplesmente a placenta e as membranas – fato conhecido como "ovo cego" (*blighted ovum*).

Entretanto, há casos em que esse ressentimento pode ser justificado. Faltam a alguns médicos e a certos hospitais a sensibilidade que deveria prevalecer na assistência a uma mulher que se encontra em processo de aborto. Isso não é de modo nenhum uma acusação a todos os médicos, enfermeiros e hospitais, já que alguns ultrapassam os limites de suas funções para expressar sua compaixão com as pacientes. E todo mundo sabe que os profissionais da medicina vivem sob forte pressão em decorrência das condições de trabalho e dificuldades financeiras. Não obstante, só é preciso um pouco mais de tempo e de atenção para lidar com sensibilidade com uma mulher em processo de aborto.

CAPÍTULO 2

O aborto no início da gravidez

Antigamente não havia testes de gravidez que certificassem que a mulher estava grávida antes de a menstruação ter faltado por dois ou três meses. Só então ela poderia ir ao médico fazer um exame – e, é claro, a essa altura era comum que já apresentasse outros sintomas, como enjôo matinal ou seios doloridos.

Hoje, entretanto, as coisas se tornaram muito mais sofisticadas. Os casais estão mais atentos aos períodos de ovulação, e os *kits* para teste de gravidez são acessíveis a todos, de maneira que é possível para a mulher saber que está grávida quase desde a concepção.

Isso é maravilhoso se a gravidez é desejada e se tudo vai bem. Mas significa também que as mulheres que abortam muito cedo podem ter plena consciência do fato –, enquanto no passado algumas delas simplesmente encarariam o aborto como uma menstruação atrasada e, daí, o forte sangramento.

O termo aborto precoce refere-se ao que ocorre em algum momento entre a concepção e a 16ª semana aproximadamente.

A ocorrência do aborto nessa fase da gravidez é mais comum do que se imagina, muitas vezes sem nenhuma causa conhecida. A boa notícia, entretanto, é que a maioria das mulheres que abortam precocemente, em especial na pri-

28   *Aborto espontâneo*

meira gravidez, tem gestações posteriores perfeitamente normais.

Quando Sandra e Ray se casaram, decidiram que queriam ter filhos o mais cedo possível. Ficaram encantados quando, cerca de seis semanas depois, um teste de gravidez feito em casa mostrou que Sandra estava grávida. Quando ela ligou para marcar uma consulta com seu médico, para ser examinada e fazer novos testes, ele lhe disse que ela deveria esperar até a 12ª semana para fazê-los.

Sandra não apresentou nenhum sintoma específico naquelas primeiras semanas – nada de enjôo nem de seios doloridos. Na verdade, se não fosse pelo teste que havia feito, não saberia que estava grávida.

Na oitava semana – no período que seria o da segunda menstruação ausente – Sandra notou algumas manchas de sangue, mas nada de mais. Ela ligou para o médico e ele lhe disse que aquilo não era incomum. Na verdade, ela já sabia disso por conta própria, já que sua irmã mais velha, Jan, havia passado pela mesma experiência em ambas as ocasiões em que estivera grávida e acabou dando à luz dois meninos saudáveis.

Uma semana depois, entretanto, a mancha se transformou em forte sangramento acompanhado mais de cólicas abdominais e mal-estar do que de dores fortes. O médico foi chamado e Sandra foi levada para o hospital, porém nada pôde ser feito para impedir que ela perdesse a criança.

Como me contou mais tarde, se ela não tivesse feito o teste de gravidez, provavelmente nem teria percebido que estava grávida, pois como sua menstruação atrasava às vezes e com freqüência vinha acompanhada de cólicas, ela teria simplesmente imaginado ser esse o caso.

Isso não quer dizer que o teste doméstico seja inconveniente ou que saber da gravidez o mais cedo possível não seja uma boa idéia, mas sim que atualmente um número muito maior de mulheres sabe que abortou.

Um dos maiores pesares das mulheres que abortam precocemente é o fato de saberem que não têm nada para lamentar. É difícil relacionar a perda de sangue e tecido com a forma de um bebê e é bastante comum que essas mulheres se sintam enganadas.

"Simplesmente considere isso como um forte sangramento" foi o "consolo" oferecido a uma mulher. "Bem, você pode tentar de novo", foi dito a outra. Mas essas mulheres tinham perdido seus bebês e, para elas, isso era motivo de luto, por mais curto que tenha sido o período de gravidez.

Qualquer tipo de sangramento pode ser indício de aborto iminente, mas, como já dissemos, não é incomum e também pode acontecer no decorrer de uma gravidez que venha a se revelar perfeitamente normal e bem-sucedida. Porém, se você tiver um sangramento – mesmo que sejam pequenas manchas de sangue – e isso lhe preocupar, vá para a cama e ligue para seu médico, ainda que seja apenas para se tranqüilizar.

O sangramento durante a gravidez muitas vezes pára quando a mulher fica em repouso e recomeça quando ela se levanta. Isso provoca uma instabilidade emocional assustadora, já que em um instante você sente que está tudo bem e, logo depois, todos os medos retornam.

Se essa é a sua situação, é possível fazer uma ultra-sonografia para ver se o bebê está se desenvolvendo no devido ritmo. Lembre-se, entretanto, de que pode ser extremamente difícil detectar os batimentos cardíacos nesse estágio inicial – mesmo quando tudo está bem – e que não ouvi-los, portanto, não deve ser, necessariamente, motivo de preocupação, a não ser que haja outros indícios de complicação.

Um dos problemas nesses casos é que você talvez precise esperar vários dias para fazer o exame, e isso prolonga o período de incertezas, uma verdadeira montanha-russa emocional indo da expectativa ao desespero. Por mais difí-

30   *Aborto espontâneo*

cil que seja, se você se vir presa a uma situação de espera como essa, tente manter a calma e relaxar o máximo possível, pois o *stress* e a tensão podem ser grandes inimigos nesses momentos.

Quando uma mulher faz uma ultra-sonografia precoce por ter algum receio e o exame mostra que seus medos têm algum fundamento, isso não torna o aborto mais fácil de suportar, mas evita o trauma que pode ocorrer quando do primeiro exame de rotina.

Rachel ficou felicíssima ao saber que estava grávida. Sentia-se muito bem naquelas primeiras semanas – nem sinal de enjôo pela manhã.

Quando chegou a hora de fazer seu primeiro exame de rotina, ela foi muito feliz, ansiosa diante da expectativa de saber como seu bebê estava se desenvolvendo. O primeiro sinal de que podia haver algo de errado surgiu quando todos ficaram calados e ninguém lhe disse nada. O operador deixou a sala e ela pôde vê-lo através do vidro falando rapidamente com a auxiliar na sala contígua. Em seguida, ele voltou dizendo que um médico viria falar com ela em alguns instantes.

Se não fosse por sua falta de jeito, Rachel podia nem ter percebido que havia algo de errado. Era sua primeira ultra-sonografia e ela não conhecia os procedimentos de rotina.

Decorridos alguns minutos, um médico entrou na sala e, verificando a imagem na tela do ultra-som, "soltou a bomba". Disse a Rachel que o exame mostrava claramente que o feto não havia se desenvolvido naturalmente e que, embora não tivesse mostrado sinais externos, ela havia abortado. Tudo que tinha de fazer agora era uma limpeza completa do que restara do feto. Muitas pessoas continuam chamando esse processo de dilatação e curetagem – ou mesmo "raspagem" – mas, em linguagem estrita, dilatação e curetagem é o que ocorre após a gravidez.

O aborto no início da gravidez 31

Quando encontrei Rachel algumas semanas após o exame, ela estava fisicamente bem, mas emocionalmente ainda muito abalada. Para ela, foi muito difícil assimilar o choque de saber que não estava mais grávida. Além do sofrimento natural, havia o sentimento de que seu corpo a havia traído e que não podia mais confiar nele.

"Eu me sentia tão bem", ela me disse. "Não fazia a menor idéia de que algo podia estar errado. Acho que nunca mais vou poder confiar nas minhas percepções a meu respeito. Nunca vou saber se estou com alguma doença terrível se meu corpo esconde de mim coisas como essa."

Nesse caso, Rachel ficou ressentida com seu corpo por tê-la "decepcionado", não lhe dando nenhum sinal de que algo estava errado. Na realidade, foi-lhe assegurado que, mesmo que ela tivesse sabido da existência do problema em uma fase anterior, não havia absolutamente nada a fazer. Mas isso não aliviou seu ressentimento e agora ela tinha uma dimensão emocional extra somada ao sentimento de perda e luto que naturalmente acompanha todo aborto.

Quando Caroline perdeu o filho que estava esperando na 12ª semana de gravidez, teve de ficar alguns dias hospitalizada. Talvez o hospital em questão estivesse superlotado ou, talvez, ninguém tivesse parado para pensar no que Caroline estava sentindo. Por algum motivo, ela foi colocada numa enfermaria com cinco outras mulheres, duas das quais precisavam ficar de cama durante os últimos dias de gravidez e outras três que tinham acabado de dar à luz bebês perfeitamente saudáveis.

Para qualquer lado da enfermaria que Caroline olhasse, via sinais de gestações felizes e bem-sucedidas, e isso servia apenas para intensificar ainda mais sua fragilidade em conseqüência de ter abortado. As outras cinco mulheres estavam tão absortas em conversas sobre amamentação, fraldas e nomes que, passada a fase inicial de comiseração pela perda de Caroline, naturalmente a deixaram de fora das con-

32 *Aborto espontâneo*

versas. Elas não tinham a intenção de magoá-la, mas se de um lado provavelmente não sabiam muito bem o que lhe dizer, de outro suas mentes estavam tomadas por completo pelo acontecimento maravilhoso que havia acabado de ocorrer com algumas e estava prestes a ocorrer com as demais.

Caroline não se importou com sua não inclusão nas conversas – afinal, como ela poderia falar com entusiasmo sobre bebês recém-nascidos e suas necessidades –, mas ressentiu-se pelo fato de que para onde quer que olhasse via uma mãe feliz e seu bebê saudável. Ela pediu para ser transferida daquela enfermaria, mas disseram-lhe que não havia nenhum outro lugar livre. Foi somente quando teve um ataque histérico durante uma visita noturna que seu marido se alvoroçou, *insistindo* para que algo fosse feito. Caroline foi então colocada sozinha numa pequena ala secundária e, apesar de continuar infeliz com sua situação, pelo menos não tinha de passar o dia inteiro lembrando do que poderia ter tido.

Nesse caso, Caroline e seu marido acreditaram que seu ressentimento era justificado. O pessoal do hospital havia demonstrado não apenas insensibilidade ao colocá-la naquela enfermaria, mas também não teve nenhuma compaixão para responder a seus pedidos de transferência, até ela chegar a ponto de explodir e ameaçar sua saúde.

O modo pelo qual uma mulher é informada de que abortou – ou que pode vir a abortar – é muito importante e afeta sobremaneira seu bem-estar imediatamente após a ocorrência. É claro que ela ficará transtornada e que palavras e frases gentis não mudarão a situação; mas há uma grande diferença entre receber a informação de uma pessoa compassiva e amorosa – seja um médico, uma enfermeira ou um operador de ultra-som – e ouvir a triste realidade como uma verdade nua e crua.

Alguns médicos são maravilhosos quando se trata de lidar com as emoções de suas pacientes, mas isso deve-se mais a sensibilidade e compaixão inatas do que a qualquer treinamento que possam ter tido. Até o momento em que escrevo este livro, não existe nenhum treinamento oficial sobre como dar esse tipo de notícia a pacientes, e, por mais lamentável que seja, as experiências que me foram relatadas pelas mulheres que tratei depois de terem abortado parecem indicar que existem ainda inúmeros profissionais que consideram apenas o problema médico, e não o ser humano envolvido.

Um aborto – particularmente o que ocorre nas primeiras semanas de gravidez – pode acontecer de diferentes formas. Às vezes, é algo súbito, em outras situações podem ocorrer sintomas leves que se prolongam por vários dias, e em outras ainda a mulher nem mesmo percebe o que aconteceu, a não ser depois de um exame físico ou de ultra-sonografia.

O aborto de Elaine ocorreu nas primeiras semanas de gravidez e pareceu prolongar-se por vários dias, com sintomas que foram progressivamente se agravando. Ela sentiu muita dor e também perdeu uma grande quantidade de sangue. "Eu não pensava que pudesse durar tanto assim", disse-me, "nem que pudesse sangrar tanto."

Quando encontrei Elaine pela primeira vez, cerca de quatro semanas após o aborto, as lembranças e imagens ocupavam ainda o primeiro plano de sua mente. Sentia medo de nunca mais ver-se livre delas. Por meio da hipnoterapia foi possível deixar que aquelas lembranças e imagens se desvanecessem para que, embora ela nunca fosse esquecer do que havia acontecido, elas não parecessem tão assustadoras e a afetassem de forma tão intensa. E, apesar de naquele momento afirmar veementemente que havia desistido de qualquer intenção de ter filhos, porque jamais se arriscaria a passar por tudo aquilo de novo, Elaine é hoje uma mãe orgulhosa de seus três filhos – dois meninos e uma menina.

34   *Aborto espontâneo*

O sangramento assusta muitas mulheres, especialmente quando parece excessivo, como é o caso quando ocorre um aborto. Mesmo aquelas que têm pequenas manchas de sangue durante a gravidez – que acaba se mostrando normal e bem-sucedida – ficam apreensivas quando o fluxo de sangue aumenta, o que as constrange ou a outros. De fato, se você conversa com mulheres que passaram por um aborto, a quantidade de sangue é parece permanecer em sua mente muito tempo depois de as lembranças de outros sintomas físicos terem começado a se desvanecer. É também bastante comum elas continuarem sangrando após o aborto, e isso pode acontecer até a regularização do ciclo menstrual. Entretanto, é importante informar imediatamente seu médico se você tiver dor, se houver coágulos no sangue ou se estiver com febre.

Conheci mulheres que consideraram a possibilidade de evitar a curetagem por causa da quantidade de sangue, mas é extremamente importante que esse procedimento seja realizado, uma vez que ele vai garantir que tudo ficará bem e evitará o risco de surgimento de alguma infecção. A não ser que o aborto tenha sido completo – o que não é comum nas primeiras semanas de gravidez –, a não-realização da curetagem pode afetar seriamente as chances de a mulher ter uma gravidez bem-sucedida no futuro.

No início, Margaret recusou-se a fazer a curetagem após o aborto. Achava que seria a gota d'água e que não suportaria "ser remexida de novo" (segundo suas palavras). O que já tinha acontecido estivera fora de seu controle e ela sentia que havia perdido a capacidade de dominar seu próprio corpo. Foi só depois de uma gentil persuasão por parte do marido e de uma enfermeira que Margaret concordou em fazê-la – algo, tenho certeza, que ela veio a valorizar posteriormente.

Qualquer aborto é uma experiência difícil, mas os que ocorrem nas semanas iniciais da gravidez são mais comuns entre as mulheres que estão esperando o primeiro filho. Elas não apenas têm de lidar com a fatalidade por si só, mas também com o medo que costuma haver – muitas vezes não expresso – de que jamais serão capazes de ter filhos. Felizmente esse não é o caso, e a grande maioria das mulheres que abortam precocemente acaba tendo filhos.

CAPÍTULO 3

O aborto em fase avançada da gravidez

O aborto em fase avançada da gravidez (após a 16ª semana) é muito menos comum do que na fase inicial. É também muito mais provável detectar a causa do aborto nessa fase. Talvez a mulher tenha entrado em trabalho de parto demasiadamente cedo ou o bebê tenha perecido no útero. Para um número pequeno de casos poderá haver uma causa externa, como uma queda ou algum outro tipo de acidente.

O *stress* extremado é também um fator a ser considerado. Embora improvável como causa única de um aborto, certamente pode contribuir se já existirem outros fatores. É por isso que é uma boa idéia para *todas* as mulheres grávidas a prática de relaxamento profundo durante todo o período de gravidez. (Você vai encontrar a descrição detalhada de uma dessas técnicas no Capítulo 6 deste livro, sobre auto-ajuda.)

Bridget e seu marido John tinham acabado de passar um dia maravilhoso com os pais dele. Bridget estava grávida de 18 semanas de seu primeiro filho e sentiu-se extremamente bem durante todo esse período. Ela e John (e suas respectivas famílias) esperavam com ansiedade o filho, que seria o primeiro neto de ambas as partes.

Começou a escurecer quando John dirigia cuidadosamente por uma estrada estreita de volta para casa. Quase

38 *Aborto espontâneo*

não havia tráfego por ali, até que, de repente, surgindo do nada, um pequeno carro esporte vermelho acelerou em sua direção. Mesmo estando próximos de uma curva na estrada, o motorista do carro esporte resolveu ultrapassá-los – exatamente no momento em que outro carro vinha na direção oposta. Para evitar a colisão, o motorista do carro esporte parou subitamente na frente deles, e os dois veículos se chocaram. John fez tudo que pôde, mas não conseguiu impedir que seu carro fosse empurrado para fora da estrada e caísse numa vala.

Felizmente, ninguém saiu ferido do acidente, mas o carro de John e Bridget ficou bastante danificado, inclusive com um eixo quebrado, e eles tiveram de esperar a chegada de um serviço de socorro para levá-los para casa. A preocupação de John com o estado de Bridget o deixou irado, não poupando palavras para dizer ao jovem motorista do carro esporte o que achava dele.

Inicialmente, Bridget ficou apavorada, achando que o impacto e os solavancos, além do *stress* da situação, poderiam causar algum dano a si e ao bebê, mas então tudo pareceu bem, e quando chegou em casa já havia se recuperado do choque do acidente.

Foi no meio da noite que ela percebeu que havia algo errado. Estava sentindo cólicas terríveis e começara a ter sangramento. John apressou-se a chamar uma ambulância e logo depois Bridget já estava sendo examinada no hospital. Infelizmente, não puderam fazer nada, e pela manhã ela já havia abortado.

Houve, é claro, uma reclamação ao seguro para pagamento dos danos causados pelo acidente, e, com o motorista do carro que vinha da direção oposta como testemunha, a culpa foi inteiramente atribuída ao jovem motorista do carro esporte. Mas embora o veículo do casal tivesse sido consertado e Bridget recebido uma pequena quantia como indenização por aquela noite de dor e sofrimento, não havia nada que compensasse a perda do bebê que estavam esperando.

Isso foi muito difícil para Bridget aceitar e uma das principais razões pelas quais ela veio me procurar. Não é que estivesse atrás de dinheiro – nenhuma quantia poderia trazer seu bebê de volta –, mas estava com raiva pelo fato de o bebê que esperava parecer não ter importância, como se nunca tivesse existido. O que ela realmente queria era algum tipo de reconhecimento formal de que uma vida havia se perdido e o fato de saber que isso não aconteceria era muito difícil de aceitar.

Quando a mulher entra na 16ª semana de gravidez, já teve muito tempo para pensar na maternidade e se acostumar com a idéia de estar grávida. Mesmo nos casos em que a gravidez não era inicialmente desejada, em geral a mulher já teve tempo para aceitar a idéia e provavelmente já começou a fazer planos e a pensar no futuro do bebê.

O aborto em fase avançada é um acontecimento muito mais público. Dependendo do estágio da gravidez, ou você já contou para outras pessoas que estava grávida ou o tamanho de sua barriga tornou óbvia a sua situação. Talvez você já tenha começado a tomar decisões definitivas – como escolha de nome, o tipo de carrinho que deseja para o bebê e as cores do quarto... Em certos casos, a compra ou a decoração podem já ter sido iniciadas.

Você já sentiu os movimentos do bebê em sua barriga; pode ter ouvido seus batimentos cardíacos. Já viu o exame de ultra-som e, talvez, recebeu uma imagem fotográfica para levar para casa. Pode até mesmo saber o sexo do bebê.

Em alguns casos, devido à posição em que o bebê se encontra, não é possível dizer se é menino ou menina. Quando pode ser visto, o operador de ultra-som costuma perguntar aos pais se querem ou não saber o sexo do bebê. Alguns querem saber o mais cedo possível, enquanto outros preferem esperar até o bebê nascer.

40 *Aborto espontâneo*

Sem exceção, todas as mulheres que abortaram e com as quais conversei disseram que lhes ajudou muito saber o sexo do bebê que perderam. Referir-se ao bebê como "ele" ou "ela", em vez de simplesmente "a criança" ou "o bebê", fazia com que parecesse parte da família – alguém de quem se poderia falar e lamentar a perda. Quando o aborto ocorre em fase avançada da gravidez, o médico, enfermeira ou parteira podem identificar o sexo da criança, mesmo que não tenha sido determinado anteriormente. Isso nem sempre é possível quando o aborto ocorre no início da gravidez, mesmo que tenha sido realizada uma ultra-sonografia.

Ninguém pôde dizer a Claire qual era o sexo de seu bebê. Ela havia feito um ultra-som, mas o bebê estava deitado em uma posição que tornava impossível definir seu sexo. No início, isso deixou Claire muito irritada – parecia que seu filho era mais uma "coisa" do que uma pessoa. Por esse motivo, ela seguiu sua intuição e decidiu que seu bebê era uma menina. Deu-lhe o nome Ruth. Isso fez com que o processo de perda parecesse muito mais natural e a ajudou a superar a fase difícil que sucede o aborto.

Particularmente quando a mulher espera o primeiro filho, cada etapa da gravidez é uma experiência nova. Mesmo com outros filhos é possível que cada gravidez seja diferente. Portanto, é difícil para uma mulher saber com certeza se o que ela está sentindo é parte normal da gravidez ou indício de que algo está errado. Os movimentos de certos bebês são bastante suaves, enquanto outros parecem estar treinando para ocupar uma vaga num time de futebol! Certas mulheres se sentem mais saudáveis e felizes durante a gravidez do que em qualquer outra fase da vida, enquanto outras, mesmo saudáveis, parecem estar sempre com dores, pontadas e desconfortos. O humor também pode ser afetado, com algumas mulheres oscilando entre altos e baixos – excitação e ansiedade –, enquanto outras permanecem calmas e serenas durante toda a gestação. Todos esses aspectos – especialmente quando acontecem pela primeira vez – são aceitos como parte normal da gravidez e, com isso, dificultam a percepção dos primeiros indícios de aborto.

Isso não quer dizer que você deva passar para o outro extremo e ficar preocupada com qualquer dorzinha ou pontada e com a possibilidade de isso ser um sinal de tragédia iminente. Mas se ocorrer algo que você não encare como parte normal da gravidez, é melhor marcar uma consulta do que esperar para ver o que acontece.

Suponhamos, por exemplo, que ocorra o rompimento de sua bolsa-d'água. Se isso ocorre durante a gravidez, deve ser tomado como um sinal de que nem tudo está bem. Naturalmente, se romper de uma vez não haverá como não perceber o que aconteceu. Mas é também possível que isso ocorra aos poucos.

Por volta da 20ª semana de gravidez, Felicity notou uma pequena perda de água a cada dia. Mas ela não sentia nenhuma dor ou incômodo e não percebeu que, na realidade, aquilo significava o rompimento de sua bolsa (imaginava que isso ocorresse de uma vez – como de fato costuma acontecer) e, por isso, não fez nada, supondo que fosse parte normal da gravidez.

Então, cerca de 15 dias depois, Felicity percebeu que estava se sentindo muito cansada e com pouca energia. Marcou uma consulta com seu médico e ficou espantada ao ser levada às pressas para o hospital. Na realidade, sua bolsa se rompera e seu bebê tinha morrido no útero.

Por mais que o pessoal do hospital tentasse assegurá-la de que, mesmo se tivesse percebido o que estava acontecendo 15 dias antes, era pouco provável que o aborto pudesse ter sido impedido, Felicity não conseguia se perdoar pelo que considerava negligência sua e sempre se perguntava se seu bebê teria sobrevivido se ela tivesse procurado ajuda antes.

42 *Aborto espontâneo*

Uma mulher que aborta numa fase avançada da gravidez pode muito bem sentir o mesmo – física e emocionalmente – que uma que deu à luz um bebê saudável. Como o bebê, na maioria dos casos, desenvolveu-se consideravelmente, ele será maior e, portanto, haverá pouca diferença em termos de dor e esforço envolvidos entre o aborto e o parto.

O desequilíbrio hormonal também pode ser idêntico, de maneira que, além de ter de suportar o sofrimento por ter perdido seu bebê, a mulher que abortou poderá também sofrer de depressão pós-parto. Nem todas as mulheres apresentam esse distúrbio após dar à luz um bebê saudável, mas aquelas que passam por isso sabem que pode durar de um dia a vários meses. Ela sempre passa – seja com ou sem assistência profissional. Devem existir poucos hipnoterapeutas que não tenham ajudado mães novatas a superar os efeitos da depressão pós-parto. Mas quando essa doença é acrescida pela dor de ter perdido um filho, é ainda mais importante que a mulher busque ajuda.

Teresa não teve nenhum grande problema com suas duas primeiras gestações e suas filhas estavam com 7 e 4 anos quando ela descobriu que estava esperando o terceiro filho. Ela e seu marido Tom ficaram muito felizes e, no início, a gravidez parecia tão descomplicada quanto as duas anteriores.

Então, no começo da 22ª semana, Teresa percebeu que havia algo errado. Começou a sentir dores intermitentes, que associou às contrações que sentira quando dera à luz as duas meninas.

Como essas dores pareciam começar e parar a intervalos aparentemente sem razão – não fazia diferença se ela estivesse se movimentando ou descansando –, ela não tinha certeza se eram, de fato, contrações. Talvez estivesse imaginando coisas. Deveria ou não consultar seu médico? Ela sabia que uma gravidez não era necessariamente igual

O aborto em fase avançada da gravidez   43

a outra, e simplesmente porque não tivera nenhum problema das outras vezes não significava que as dores fossem um indício de que algo estava errado. Afinal, ela tinha vários anos a mais do que quando tivera as meninas.

Toda vez que se esforçava para pensar positivamente na situação, surgia uma vozinha em sua mente: mas suponha que algo *esteja* errado – como você vai se sentir se não procurar ajuda? Suponha que o bebê nasça cedo demais e com algum problema grave; suponha que esteja de fato perdendo o bebê... A tensão parecia intensificar as dores.

Teresa foi para a cama e Tom chamou o médico. Ele a examinou e a encaminhou imediatamente para o hospital. Lá, as dores cessaram e parecia que tudo ficaria bem. Mas no dia seguinte elas estavam de volta e mais fortes do que nunca – e dessa vez não havia intervalos de alívio. Naquela noite Teresa perdeu a criança.

Ninguém disse que o parto é fácil ou indolor. De fato, muitas mulheres que acabaram de dar à luz juram que nunca mais vão repetir essa experiência. Porém as dores do parto são logo esquecidas diante da alegria – e do trabalho árduo – de ter um bebê recém-nascido na família. Mas quando esse bebê não existe, essas dores parecem duplamente cruéis.

Teresa me disse que se sentiu "traída". Ela havia experienciado as dores do parto quando as meninas nasceram e estava bem preparada para suportá-las dessa vez. Mas passar por tudo isso e no final ver-se sem o bebê, isso era tremendamente injusto. Por esse motivo, a lembrança daquelas contrações e a dor que sentira permaneceram com ela por muito mais tempo do que teriam permanecido se o bebê tivesse sobrevivido.

Certos abortos são decorrentes do fato de a mulher ter aquilo que é conhecido como incompetência ístmico-cervical. Isto quer dizer que o colo do útero não é suficientemente forte

44 *Aborto espontâneo*

para reter o peso do bebê em desenvolvimento. Ele se abre demasiadamente cedo e a mulher aborta.

Uma vez diagnosticado o problema, é um procedimento bastante simples dar um ponto no colo do útero para mantê-lo fechado durante uma futura gravidez. Mas como isso não é considerado um problema real para a mulher antes de ela ter abortado três vezes, não é necessariamente diagnosticado. Pode-se, entretanto, solicitar um exame para determinar se você tem incompetência ístmico-cervical após o primeiro aborto. Se isso for confirmado, é possível realizar uma ação preventiva antes do que seria usual e você poderá poupar-se de futuros aborrecimentos.

Para muitas mulheres – e também para seus parceiros – o aborto real ou a ameaça dele vem acompanhado(a) de uma grande dose de medo. Não só medo do aborto em si, mas também da forma que "ele(a)" terá. Será a de um bebê ou, como expressou uma jovem, de um "grande coágulo"? Quanto sangue esparramado haveria no procedimento e quanto lhe seria permitido ver?

Esses são medos perfeitamente naturais de qualquer pessoa diante de uma situação completamente nova. O problema é que muitos casais – que já se encontram em estado de aflição e ansiedade – temem fazer essas perguntas por receio de serem considerados ignorantes. Esse não seria o caso, e suas dúvidas seriam respondidas honestamente pelos profissionais que podem dedicar toda atenção à situação, mas nem sempre percebem o que o casal quer saber.

Gill é enfermeira da divisão ginecológica de um hospital de Gloucestershire, e eu a conheci quando ela veio falar em um encontro do grupo local da Miscarriage Association. Ela explicou que é muito difícil saber o que dizer quando uma mulher está passando pela experiência do aborto. Algumas pessoas gostariam de apenas fechar os olhos até toda aquela situação horrível acabar. Outras realmente precisam de explicações e confirmações no decorrer do processo.

O aborto em fase avançada da gravidez   **45**

Gill falou-nos sobre uma garota de 17 anos que havia perdido seu bebê. Ela estava apavorada e agarrava-se à mão de Gill sem dizer nada. "Eu não sabia o que ela queria que eu dissesse", relatou Gill. "Ela estava aos prantos e senti que não demoraria para que eu mesma começasse a chorar – ela parecia tão jovem, vulnerável e estava apavorada. Por fim, eu não disse quase nada. Só tentei confortá-la da melhor maneira possível."

As pessoas que trabalham em hospitais ficam numa situação extremamente difícil. Elas podem querer ajudar o máximo possível, mas não têm como saber o que cada pessoa já sabe ou o que deseja saber. Não faz sentido fornecer detalhes gráficos a alguém que não sabe o que fazer com eles, enquanto outros podem se sentir melhor se souberem simplesmente o que esperar. Assim, se você tiver alguma dúvida sobre o aborto – seja na hora ou depois de tudo já ter acabado –, peça as informações que desejar.

Se for constatado que o bebê já morreu, pode ser necessário induzir artificialmente o parto. Esse é um processo que pode levar várias horas – às vezes mais tempo do que um parto normal – e envolve o uso de um dreno.

Lamentavelmente, esse procedimento pode ser tão incômodo e doloroso quanto um parto normal – e o temor e o pânico obviamente sentidos pela mulher podem aumentar a tensão, fazendo com que seja difícil para ela seguir as instruções que lhe são dadas.

Essa foi a situação em que Hannah se viu envolvida. Conforme me disse, "eles ficavam me dizendo 'força', mas eu não queria fazer força. Minha mente sabia muito bem o que estava acontecendo, que meu bebê já não estava mais vivo, mas parte de mim queria simplesmente retê-lo pelo máximo tempo possível. Eu sabia que, fazendo o que pediam e deixando-o sair, ele iria embora para sempre. Eu apenas precisava retê-lo por um pouco mais de tempo. A enfermeira disse que eu só estava dificultando as coisas".

46 *Aborto espontâneo*

O modo pelo qual a mãe é tratada num momento que não pode deixar de ser difícil e penoso faz uma enorme diferença em como ela vai perceber os acontecimentos e elaborar seus sentimentos quando tudo tiver acabado. Duas mulheres com as quais trabalhei relataram-me suas diferentes experiências.

"O pessoal do hospital foi absolutamente fantástico", disse Gabrielle. "Eles trataram tanto de mim quanto do bebê com o máximo de dignidade. Imediatamente após o ocorrido, envolveram a menina numa toalha branca limpa, como um xale, e a colocaram no meu colo. Ela parecia tão pequenina e perfeita. Paul, meu namorado, estava comigo e também a segurou. O pessoal foi embora para nos deixar a sós, dizendo-nos que poderíamos ficar com nossa filha pelo tempo que quiséssemos. Pudemos conversar, chorar juntos e demonstrar à nossa menina todo nosso amor e a saudade que sentiríamos dela. Quando nos sentimos preparados para nos despedir dela, a enfermeira levou-a com cuidado e delicadeza, como se estivesse viva, deixando Paul ficar comigo pelo tempo que desejássemos."

A experiência de Helena foi bem diferente. "Antes que eu tomasse conhecimento do que estava acontecendo, eles apressaram-se a sair com algo envolto em toalhas de papel. Jamais vi meu bebê, jamais tive a chance de pegá-lo no colo. Nem mesmo sei ao certo qual era o sexo do bebê, mas como não suportei pensar nele como uma 'coisa', decidi acreditar que era um menino. Cheguei até mesmo a dar-lhe um nome: Peter. Eu simplesmente gostaria de ter tido a chance de tê-lo em meus braços, nem que fosse apenas por um minuto."

Muitas mulheres sentem-se confusas diante da idéia de terem o bebê nos braços após o aborto, por não saberem o que vão sentir e se suportarão olhar para a criança morta. Mas trabalhei com muitas mulheres que passaram pelo aborto e não sei de nenhum caso de alguma que tenha se arrependido de olhar para o bebê e tê-lo nos braços. Isso faz com que o bebê seja mais uma pessoa real do que um problema médico e revela-se extremamente reconfortante tanto para a mulher quanto para seu parceiro.

Vários hospitais são hoje favoráveis à permissão – e mesmo ao incentivo – desse contato entre mãe e filho. Espera-se que com o tempo todos os hospitais adotem esse mesmo procedimento.

As mulheres são comumente mandadas para casa quase imediatamente após o aborto, exceto quando há alguma complicação física. Se uma curetagem é necessária, ela pode ficar no hospital até o dia seguinte. (Quando o aborto ocorre em fase avançada de gravidez, nem sempre é necessário fazer uma curetagem, já que a placenta é expelida naturalmente.)

No que diz respeito ao hospital, não há nada mais a ser feito. A mulher não está doente, não precisa de assistência médica nem tem lugar na maternidade. Portanto, é mandada para casa. Mas ninguém lhe diz o que deve esperar ou o que deve fazer. Nenhum médico vai vê-la; ela é simplesmente abandonada à própria sorte.

Uma mulher que acabou de sofrer um aborto em fase avançada da gravidez pode muito bem estar traumatizada e ainda sofrendo. Obviamente, estará sentindo a perda e apavorada com o que o futuro possa lhe reservar. Seus seios poderão estar doloridos e ela poderá produzir leite. Se isso acontecer, não ceda à tentação de extrair o leite na esperança de ver-se livre dele. Tudo que você conseguirá é estimular sua produção. Se o leite não desaparecer naturalmente dentro de alguns dias, é possível receber ajuda de seu médico, seja por meio de comprimidos ou injeções.

Uma vez em casa, mesmo que a mulher logo volte a se sentir fisicamente bem, existem muitas coisas difíceis a serem feitas. As pessoas que sabiam da gravidez têm de ser informadas e isso deve ser feito logo, para evitar constran-

48 *Aborto espontâneo*

gimento geral. Se uma amiga telefona para bater papo e pergunta jovialmente como vai a gravidez, não apenas reavivará o sofrimento como a própria amiga se sentirá constrangida e poderá deixar de ligar – e essa é uma hora em que a presença de amigos pode ser fundamental.

A maneira mais fácil de lidar com essa situação é informar os familiares mais próximos e pedir-lhes que avisem os outros parentes e amigos. Essa pode ser uma tarefa demasiadamente traumática para que os próprios pais enlutados a cumpram.

Outra dificuldade que advém de um aborto em fase avançada da gravidez é a possibilidade de a mulher retornar a um ambiente cercado de preparativos para a chegada do bebê que ela acabou de perder. Talvez o quarto do bebê já tenha sido decorado; pode haver um carrinho novinho em folha no *hall* de entrada; provavelmente há roupinhas e brinquedos dispostos carinhosamente para recepcioná-lo. Se a estada no hospital foi curta, não houve tempo para que todos esses objetos fossem retirados da vista. Na realidade, talvez isso não seja o melhor a fazer em qualquer caso. Algumas mulheres acham que não suportariam ver todos esses sinais do bebê que acabaram de perder, enquanto outras sentem-se confortadas tocando e pegando nos brinquedos, roupas etc. Esses objetos servem quase como um memorial a seus bebês.

Como não existe um jeito certo ou errado de lidar com essa situação, é importante, a princípio, obedecer à vontade da mulher. Se ela não suporta entrar no quarto preparado para o bebê no início, não deve ser forçada a fazê-lo. Mas se ficar sentada naquele quarto nos primeiros dias a faz sentir-se bem, ninguém deve impedi-la. Qualquer reação extremada passará com o tempo. É mais ou menos o que acontece com aqueles que sofreram outros tipos de perda: alguns esvaziarão guarda-roupas e armários quase imediatamente após a morte, enquanto outros precisam guardar essas lembranças tangíveis da pessoa que perderam por mais tempo.

Quando uma mulher acabou de passar pela experiência do aborto, é comum ela se sentir extremamente isolada. As outras pessoas nem sempre sabem lidar com a situação. É melhor deixar a mulher (ou o casal) sofrer em paz ou telefonar e procurar vê-la? Se telefonar, o que dizer?

Se você conhece alguém que acabou de abortar, apenas coloque-se à disposição. Não importa o que você diga; não importa que não diga nada – não existem, afinal, palavras "certas". Mas o que ela necessita acima de tudo é saber que as pessoas se importam e que estarão lá oferecendo apoio quando ela precisar conversar ou chorar.

Quando Judith voltou para casa após a perda do bebê de 22 semanas que estava esperando, sua mãe e seu marido tiraram licença do trabalho para fazer-lhe companhia e não deixá-la sozinha. Mas chegou a hora em que tiveram de retornar a suas respectivas ocupações e foi então que o sentimento de solidão tomou conta dela.

Conforme as palavras de Judy,

Ninguém vinha me ver e, passada a primeira semana, as pessoas deixaram de telefonar. Talvez minhas amigas estivessem se sentindo constrangidas; a maioria delas já tem filhos e podem ter achado que, independentemente do que fizessem, poderiam me fazer sentir pior. Trazer seus bebês recém-nascidos ou começando a andar com elas poderia significar uma lembrança bastante dolorosa do que eu havia perdido. Se viessem sem as crianças, provavelmente não saberiam se deveriam falar nelas e arriscar me perturbar ou nem mencioná-las, o que seria tão óbvio que o efeito seria ainda mais dramático. Então simplesmente não vinham me ver.

50   *Aborto espontâneo*

Por fim, encontrei-me com um casal de amigos no supermercado e eles me perguntaram se eu já estava "me sentindo melhor". Sei que a intenção deles era boa, mas soou como se eu estivesse me recuperando de nada mais que um resfriado.

Outro momento doloroso a ser enfrentado é o do amanhecer do dia no qual o bebê deveria nascer; no caso do aborto que ocorre no período final da gravidez, provavelmente apenas algumas semanas após a perda, o que o torna um momento difícil. Muitas vezes é aconselhável tentar considerar aquele dia como um memorial ao breve instante em que a criança existiu e lembrá-lo da forma que lhe pareça mais apropriada.

De todas as mulheres com as quais trabalhei e as quais entrevistei, a maioria diz que a data só tem significado real no ano em que o aborto ocorreu. Como uma de minhas pacientes disse: "Quando você pensa sobre isso com uma distância maior, uma vida é uma vida e uma morte é uma morte. Datas são números em um calendário e na realidade não significam absolutamente nada".

Se você perdeu o bebê que estava esperando, talvez queira providenciar um funeral apropriado ou cremação. No Reino Unido, todos os bebês nascidos vivos antes de 24 semanas e todos os bebês nascidos após 24 semanas devem, por lei, ser enterrados ou cremados. Antes disso, a decisão é dos pais.

Alguns hospitais ajudam a providenciar a cerimônia – ou você pode preferir providenciá-la por conta própria. Não é necessário que seja uma cerimônia religiosa – isso vai depender de sua crença. Mesmo sendo um dia triste, você provavelmente apreciará a oportunidade tanto de reconhecer a existência de seu bebê quanto de dar-lhe um adeus apropriado.

CAPÍTULO 4

Memorial

O uso que se faz da linguagem é curioso. As mulheres grávidas dão ênfase diferente a diferentes palavras. Uma mulher se vê como "mãe" desde o primeiro instante em que a gravidez é confirmada; outra diz apenas que está "grávida" ou mesmo "esperando um bebê". Uma fala de sua gravidez quase como se fosse uma doença, enquanto outra refere-se a "meu bebê" mesmo quando sabe que o feto ainda não se desenvolveu.

Em função do uso de diferentes palavras ou expressões, o efeito do aborto sobre cada mulher pode ter um significado um pouco diferente. Se ele ocorre no início da gravidez, o efeito emocional pode ser maior para a mulher que pensou no bebê desde o início.

Não estou querendo dizer com isso que você deveria ser mais sensata e pensar na situação apenas como "gravidez" pelo máximo tempo possível, colocando todos os pensamentos íntimos sobre a criança de lado. Você faz o que lhe ocorre naturalmente – e é assim que as coisas devem ser.

Existem definições legais aplicáveis à gravidez e ao momento em que o "feto" se transforma num "bebê", mas elas não fazem nenhuma referência real aos sentimentos das pessoas. Além das reações instintivas de cada mulher, há diferenças de crenças culturais e religiosas. Algumas pessoas acreditam que o feto é um ser humano dotado de

52 *Aborto espontâneo*

espírito ou alma desde o instante da concepção, enquanto outras acham que isso só é verdadeiro a partir do momento do nascimento.

A diferença no uso da linguagem (e, portanto, da idéia subjacente a ela) não é apenas aparente em relação à gravidez, mas também aplica-se caso algo dê errado com ela. Enquanto uma mulher diz que "sofreu um aborto", outra dirá que "perdeu o filho". A primeira achará mais fácil usar palavras que façam parecer que ela teve um problema clínico temporário, enquanto a segunda sentirá necessidade de dar *status* de realidade para a criança que estava esperando.

O estágio de gravidez alcançado também pode ter algum efeito sobre o modo como cada mulher sente e as palavras que usa. Enquanto muitas não pensam num "bebê" até não verem a criança na tela do aparelho de ultra-som ou a sentirem na barriga – e enquanto algumas não consideram o bebê uma pessoa independente até o momento do parto –, outras a vêem como bebê e falam nela desde o instante em que percebem pela primeira vez a ausência da menstruação e têm a gravidez confirmada.

As mulheres que planejaram a gravidez por algum tempo ou que tiveram dificuldade para conceber tendem num "bebê" desde o início.

Katy e seu marido Jack estavam casados havia quatro anos e nos dois últimos tentaram ter um filho, sem resultados. Por fim, se submeteram a exames e descobriram que a contagem de espermatozóides de Jack era extremamente baixa e que, embora fosse possível a Katy engravidar normalmente, era muito improvável que isso acontecesse.

Depois de aconselhar-se e considerar suas opções, o casal decidiu tentar o tratamento de fertilização *in vitro*. Sabiam que seria dispendioso e que não havia nenhuma garantia de que o tratamento fosse bem-sucedido na primeira tentativa. Mas eles haviam esgotado o assunto e estavam determinados a seguir em frente. Após uma espera ansiosa, Katy e Jack ficaram eufóricos ao descobrirem que o tratamento havia dado certo e que Katy estava grávida.

Durante as 12 primeiras semanas de gravidez, Katy percebeu uma constante apreensão com a possibilidade de algo dar errado e ela perder o bebê. Passado esse período, entretanto, ela se permitiu ficar mais relaxada – embora continuasse tomando cuidados com alimentação, repouso etc. Ela passava parte do dia descansando e deixando que sua mente criasse imagens de como seria seu bebê.

E então, de repente, na 18ª semana de gravidez, Katy abortou. Sem nenhum aviso prévio. Tudo aconteceu no decorrer de um dia e não havia nada que pudesse ser feito para impedir o ocorrido. Katy ficou arrasada. Depois de tudo que ela havia feito para engravidar, depois de todos os cuidados que havia tomado e dos sonhos que havia nutrido, parecia cruel demais ver tudo desmoronar. A perda tornou-se ainda mais intensa diante da consciência do fato de que ela e Jack teriam de se submeter novamente a todo o processo de fertilização *in vitro* – com todos os seus custos (tanto emocionais quanto financeiros) – se quisessem tentar ter um filho outra vez.

Para pessoas como Jack e Katy, que haviam passado meses pensando em bebês, antes mesmo de Katy engravidar, não há nenhuma possibilidade de considerar o aborto um problema médico. Eles tinham perdido o bebê que tanto desejavam e pelo qual tanto lutaram.

Mas é igualmente possível a alguém que abortou no início da gravidez sentir a perda do bebê – mesmo quando a lógica diz que o feto ainda não havia se desenvolvido. As pessoas que apresentam esse comportamento não devem ser dissuadidas de sua linha de pensamento; é preciso, portanto, deixar que sigam os próprios sentimentos e sofram pela criança que nunca chegou a existir.

54 *Aborto espontâneo*

Outras mulheres, se o aborto ocorre bem no início da gravidez, sentem-se capazes de abandonar totalmente seus pensamentos sobre um bebê real.

Patsy não devia estar grávida há mais de seis ou sete semanas quando abortou. Como ela relatou, "se não fosse pela menstruação atrasada e pelo teste de gravidez que fiz em casa, provavelmente nem teria tomado conhecimento de que estava grávida. Senti enjôo em uma ou duas manhãs, mas poderia facilmente tê-lo atribuído a algum problema de estômago ou algo semelhante. Na verdade, eu ainda não pensava na situação como possibilidade de um bebê real – eu simplesmente não havia tido tempo para isso".

Por esse distanciamento e pelo fato de a gravidez não ter sido planejada, foi mais fácil para Patsy não considerar o aborto como a perda de uma vida humana.

Já vimos que no Reino Unido a lei exige que todos os bebês nascidos após a 24ª semana de gravidez (e todos os bebês com menos tempo que conseguem sobreviver fora do útero) tenham o nascimento e o óbito registrados e que sejam sepultados ou cremados. Mas o que dizer dos lugares onde essa lei não existe ou de todos os bebês que nascem antes da 24ª semana e que não conseguem sobreviver fora do útero?

June tinha apenas 20 anos quando abortou na 12ª semana de gravidez. Algum tempo depois, ela me confessou: "Eu me perguntava como 'ele' era – não me deixaram ver nada – e o que fariam com 'ele'. Não tive coragem para perguntar, em parte porque não queria parecer ignorante e, em parte, porque achei que a resposta podia não me agradar. Assim, simplesmente me calei. Algum tempo depois, descobri que o produto do aborto costumava ser incinerado e aquilo me incomodou muito. Isso fazia parecer que tudo que eu havia passado e a vida que carregara dentro de mim não tivessem importância. Foi muito doloroso; parecia banalizar todo o conceito de gravidez".

Os procedimentos com respeito ao produto de um aborto em fase inicial da gravidez diferem muito de um hospital para outro. Alguns continuam incinerando tudo junto, mas outros separam cuidadosamente o feto de outros materiais, usando diferentes incineradores e, com isso, tratando-o com alguma consideração.

Rosemary abortou precocemente num hospital que não apenas usava diferentes meios de incineração, mas também mantinha um serviço religioso em sua capela uma vez por mês. Todos os pais que tivessem perdido um bebê por meio de aborto ou parto de natimorto eram convidados para a cerimônia. Rosemary e seu parceiro participaram:

> Eu realmente receava ir. Na verdade, não suportava a idéia de ir logo depois de ter perdido o bebê. Finalmente, fomos cerca de três meses depois – eu poderia não ter criado coragem se Andy não tivesse me persuadido a ir. Mas estou muito feliz por ter participado.
>
> Foi um culto comovente. Havia flores e música suave e também a presença de algumas enfermeiras e parteiras. Imagino que a perda de um bebê seja difícil também para elas. O capelão fez algumas orações e depois falou sobre as almas de nossos bebês. Eu nem sou muito religiosa, mas fiquei tão emocionada que cheguei a chorar.
>
> Disseram que poderíamos voltar quando quiséssemos e decidimos voltar no dia em que nosso bebê deveria nascer e também ao completar um ano do aborto – a essa altura eu já estava esperando minha filha Louise.

Caso você aborte e o hospital em que for atendida não oferecer nenhum tipo de culto em suas instalações, sempre é possível requisitar o sepultamento ou a cremação e arranjar, por conta própria, algum tipo de cerimônia.

56 *Aborto espontâneo*

Ela pode ser tão formal quanto você desejar. Se você segue determinada religião, o sacerdote poderá ajudá-la a planejar a cerimônia à sua maneira. Mesmo que você não tenha nenhuma religião, pode ser extremamente reconfortante ter determinado lugar onde enterrar os restos ou cinzas de seu bebê e marcá-lo com uma lápide ou placa. Todos sabemos, qualquer que seja a crença, que o bebê não está ali, mas algumas pessoas acham que ter um lugar aonde ir pode ajudar – talvez levando flores – quando sentem essa necessidade ou, quem sabe, para fixar um aniversário em especial.

Dar um nome ao bebê que você perdeu – por mais cedo que tenha sido o aborto – pode também ajudar em tais ocasiões. Um nome numa placa ou lápide faz com que o bebê se torne parte integrante de sua família, mesmo que você venha a ter outros filhos no futuro.

Talvez essa seja uma boa oportunidade para parar e pensar no que você acredita que acontece após a morte. Cada um – qualquer que seja a formação religiosa – tem sua opinião pessoal e, embora nós, ocidentais, façamos o possível para não pensar nem falar nela, a morte é algo em que deveríamos pensar de vez em quando.

Se você é uma daquelas pessoas que acreditam não haver absolutamente nada após a morte, terá, pelo menos, o consolo de saber que seu filho não está sofrendo. Isso não diminui a sua tristeza, mas suas lágrimas serão por você mesma e pela parte da família que você perdeu. Isso não tem nada de errado. Todos temos o direito de chorar quando estamos tristes, mas convém saber por quem estamos de fato chorando.

Se você acredita que existe algo após esta vida – mesmo que não saiba muito bem o que esse algo possa ser –, isso significa que seu bebê estará em algum lugar melhor, e que você o verá de novo quando chegar a hora de a sua família voltar a se reunir.

A maioria das pessoas que acredita em vida após a morte também crê que quem morre bebê ou criança continua a crescer em outro mundo. Talvez você ache reconfortante imaginar de vez em quando em que estágio seu filho se encontra. Você pode continuar falando com ele ou ela – seja em voz alta ou mentalmente. Entretanto, isso não deve se tornar uma obsessão, e essa necessidade provavelmente vai diminuir com o passar do tempo.

Quem acredita em reencarnação – que o espírito passa de um corpo a outro após um intervalo de anos – também crê que as vidas que vivemos são todas parte de um processo de aprendizagem e que cada espírito escolhe a família na qual ele deseja nascer e as lições que deseja aprender naquela vida. Existe também a crença de que os bebês que morrem antes de nascer ou crianças muito pequenas sejam de fato espíritos sábios e evoluídos que não têm necessidade de completar outra vida na Terra, mas que já podem passar para outras lições ou recompensas que os esperam em outro mundo. Assim, ao mesmo tempo em que você fica naturalmente triste pela perda do bebê, pode se orgulhar por ter sido escolhida para ser a mãe de um ser tão evoluído que precisou apenas do tempo suficiente para ajudá-la a aprender algo.

No caso de aborto em fase avançada da gravidez, a maioria dos hospitais está hoje equipada para tirar uma fotografia do bebê e dá-la à mãe ou ao casal interessado. Se isso ocorrer com você, espero que a aceite, pois mesmo que agora seja muito doloroso olhar para ela, posteriormente poderá lhe trazer conforto.

Cassie estava na 22ª semana de gravidez quando perdeu a criança. Por causa de algumas complicações que surgiram, teve de ser submetida a uma cirurgia com anestesia geral logo em seguida. Quando despertou, a enfermeira lhe disse que haviam tirado uma fotografia do bebê – um menininho – e perguntou se ela queria vê-la.

No início, Cassie mostrou-se um pouco apreensiva. Tinha medo do que a foto pudesse lhe mostrar se o bebê era ou não normal. Por fim, criou coragem para vê-la e ficou extremamente comovida com o que viu. A fotografia mostrava um menininho bastante pequeno, mas muito bonito, envolto em um lindo xale branco. Ele parecia perfeito e era como se estivesse apenas dormindo.

Cassie me falou mais tarde sobre os vários estágios implicados por ter aquela foto. Nos primeiros dias, ela a carregava consigo o tempo todo e a olhava com muita freqüência, embora isso a fizesse chorar. Em seguida, passou por um período em que a guardou numa gaveta sem conseguir olhar para ela. Entretanto, com o passar do tempo e o distanciamento de todo aquele pesar ela começou a olhar aquela foto somente de vez em quando, com tristeza mas também com amor. Estava tão agradecida por tê-la aceitado naquela ocasião que, posteriormente, quando já tinha outros filhos, aquela foto foi colocada no álbum de família e todas as crianças sabiam que aquele era o irmãozinho que havia morrido.

Existem muitas maneiras de comemorar o fato de seu filho ter chegado a viver, por mais breve que tenha sido sua vida. A que você escolher dependerá de seus sentimentos e também, em alguma medida, de sua situação financeira. Enquanto aqueles que têm condições podem escolher fazer alguma doação pública em memória do bebê que perderam, outros preferem fazer uma comemoração mais discreta. Mas, quase sem exceção, todas as pessoas com quem falei acharam que fazer *algo* pareceu tê-las ajudado a aceitar a perda.

Jackie tinha 17 anos quando descobriu que estava grávida de um garoto que mal conhecia. Ela havia bebido demais numa festa e acabara na cama com aquele rapaz que nem era muito do seu agrado. Assim que ele soube da gravidez, negou qualquer responsabilidade e que houvesse tido qualquer coisa com Jackie.

Ela ficou apavorada diante do fato de ter de contar a seus pais. Eles tinham uma visão muito puritana da vida e seu pai, um temperamento bastante difícil; portanto, ela tinha razões para temer a reação deles. Por fim, criou coragem e, para sua surpresa, eles receberam a notícia com relativa calma e ofereceram-lhe mais apoio do que esperava.

Por um breve momento, Jackie considerou a possibilidade de fazer um aborto, mas sentiu que era algo que não conseguiria fazer. Seu pai insistiu que, assim que nascesse, o bebê deveria ser imediatamente entregue para adoção. Essa não era a vontade de Jackie, mas ela ainda estava na escola e era totalmente dependente dos pais. Assim, para manter a paz, ela não discutiu. Mas, secretamente, esperava que, ao verem o seu primeiro neto, seus pais não seriam capazes de dar o bebê.

Então, na 14ª semana de gravidez, Jackie abortou. Ela não ficou mal nem teve muita dor – apenas um pouco de desconforto. Foi levada para um hospital, onde foi submetida à curetagem, retornando, depois, para a casa dos pais.

O mais difícil para Jackie – e que continuava lhe fazendo sofrer dois anos depois, quando me procurou em busca de ajuda – foi a insistência de seus pais em afirmar que "tudo havia sido para o bem dela". Presumivelmente, as intenções do casal eram as melhores; é claro que podem muito bem ter se sentido aliviados pelo fato de não existir mais o que seria para eles uma vergonha: a gravidez evidente da filha. Mas, dando-lhes algum crédito, talvez realmente estivessem pensando em Jackie e na possibilidade de que ela continuasse com os estudos e levasse sua vida adiante.

Mas para Jackie – mesmo que ela não houvesse tido a intenção de engravidar – o bebê havia se tornado real, o *seu* filho. Como poderia essa perda ser "para o seu bem"?

Jackie tinha quase 20 anos quando me procurou. Estava no segundo ano da faculdade e continuava morando com os pais nos períodos de férias. Em muitos aspectos, a vida

60   *Aborto espontâneo*

estava indo bem para ela, mas havia sempre, em algum canto da mente, a sombra do bebê que havia perdido. O que tornara as coisas ainda mais difíceis para ela foi que, desde o dia do aborto, não tivera ninguém com quem falar sobre o ocorrido. Depois do comentário de que "tudo fora para o seu bem", seus pais nunca mais mencionaram a gravidez e o aborto, e ela tampouco teve coragem para tocar no assunto. A única outra pessoa que sabia o que havia acontecido era seu médico, e como Jackie dificilmente o via, acreditava que o ocorrido não passasse de um comentário em sua ficha médica.

Em uma de nossas primeiras conversas, perguntei-lhe se ela tinha alguma lembrança da existência do bebê. Disse que não. Sugeri-lhe que pensasse em algo que pudesse comprar e que servisse como lembrança tangível – algo que pudesse levar consigo de um lugar a outro e que tivesse um significado especial para ela, mesmo sem o conhecimento de outras pessoas.

Quando voltou na semana seguinte, Jackie me disse que havia comprado um ursinho de pelúcia em memória de seu bebê. Ela havia colocado o ursinho ao pé da cama, podendo, assim, tocá-lo e dar-lhe boa-noite e bom-dia. Seus pais, ignorando o significado do ursinho, não fizeram nenhum comentário quando ela o comprou, e ele era suficientemente pequeno e portátil para que ela o levasse para a universidade quando retornasse às aulas.

Essa foi uma maneira bem simples de comemorar a vida de um bebê, mas significou grande conforto para a jovem atormentada e ajudou-a a curar a ferida que a machucara por tanto tempo.

Outras pessoas encontram maneiras diferentes de lembrar e comemorar a vida curtíssima de seus bebês. Uma forma bastante comum é plantar um arbusto, flor ou árvore com o nome do bebê. Esse pode ser um gesto maravilhoso, mas, se você decidir-se por ele, lembre-se de escolher uma planta resistente e fácil de cuidar. Seria muito triste se a planta morresse logo. Além disso, leve em conta a possibilidade de você vir a mudar de casa um dia e a planta poder se mostrar demasiadamente grande e difícil de ser transplantada, embora, no caso de ser um arbusto, você possa levar consigo uma muda.

Uma jovem com quem conversei disse-me que ela e seu marido plantaram uma rosa da Paz* no jardim depois de terem perdido sua menina. Essa rosa é linda, perfumada, forte e resistente, e seu nome pareceu-lhes muito apropriado para a situação. Na mesma época, plantaram uma árvore numa área recentemente arborizada em nome da filha, sabendo que, independentemente do que viesse a acontecer-lhes, ela continuaria ali por muitos e muitos anos.

Quando Shirley abortou na 16ª semana de gravidez, ela e seu namorado Simon decidiram ajudar uma criança de um país subdesenvolvido enviando-lhe mensalmente uma doação até que ela se tornasse adulta. Shirley explicou-me que sentiram que estariam oferecendo saúde e oportunidade para uma criança que de outra maneira não as teria e que esse seria o tributo mais apropriado à memória da criança que ela havia perdido.

Para certas pessoas, atos de comemoração como esse podem significar preocupações mórbidas com a perda sofrida. Mas cabe à mãe individualmente (ou ao casal) agir de acordo com o que acha ser mais apropriado e com o que lhes traz mais conforto. Não existe resposta certa ou errada

---

*   Espécie pouco conhecida no Brasil. Nossa sugestão é que seja substituída por outra flor com as mesmas características. (N. E.)

quando a questão é a perda de uma criança. Cada um deve fazer o que sente ser necessário, aceitando – como em qualquer perda – que a vida continua e que seria um erro deixar que o ocorrido afetasse todo seu futuro. Isso não quer dizer que você tenha de esquecer, mas que deve manter a lembrança em algum lugar tranqüilo da mente, podendo acessá-la e contemplá-la sempre que sentir necessidade.

CAPÍTULO 5

Outras pessoas

Para a mulher que abortou, as reações dos outros podem exercer um papel importante – para melhor ou pior – em sua recuperação. Se suas palavras e ações forem positivas e solidárias, podem ser de grande ajuda no processo de aceitação da perda do bebê.

Se, entretanto, as reações dos outros forem negativas, podem aumentar o desespero e o desalento que a mulher já está sentindo, além de intensificar seus sentimentos de isolamento e solidão.

Em qualquer situação de perda precisamos de outras pessoas por perto – de preferência familiares e amigos, mas também conselheiros ou membros de um grupo de apoio. A possibilidade de compartilhar a dor e o sofrimento com outras pessoas ajuda a aliviar o peso da situação, mesmo quando aquelas com quem dividimos nossos problemas não possam fazer nada para nos ajudar além de ficar a nosso lado e nos oferecer uma palavra de conforto ou de incentivo.

O problema é que a maioria das pessoas tem dificuldade para lidar com a perda em geral e, mais ainda, quando se trata da perda não só de um bebê, mas de um bebê que nunca chegou a viver fora do útero. Elas não sabem o que fazer ou dizer. Mas mesmo assim são necessárias – ainda que tudo que possam fazer seja segurar sua mão ou oferecer um ombro amigo.

64   *Aborto espontâneo*

Marie contou-me que se sentiu dividida quando esteve nessa situação, após o segundo aborto. "Uma parte de mim conseguia entender quão difícil era para meus amigos dizer ou fazer algo para ajudar – de certa maneira, eu podia até mesmo compadecer-me da dificuldade deles. Mas a outra parte – a emocionalmente destroçada – queria apenas que eles estivessem disponíveis."

É claro que é possível para quem está próximo da mulher dizer ou fazer a coisa errada e, com isso, piorar ainda mais a situação. Muitas das mulheres cujas entrevistas serviram de base para a elaboração deste livro sentiram que sua mágoa e seu sofrimento haviam sido aumentados pelas palavras ou atitudes de outras pessoas. Algumas delas sentiram que a existência de seus bebês chegou a ser banalizada.

Lizzie, que havia perdido seu filho na 10ª semana de gravidez, ouviu de sua (bem-intencionada) cunhada que podia se considerar feliz pelo fato de o aborto ter ocorrido tão cedo, de maneira que não houvera tempo para ela apegar-se ao bebê. Lizzie ficou furiosa. Como ela se atrevia a dizer isso? O bebê era *seu* e, por breve que tenha sido a gravidez, é claro que ela havia se apegado a ele.

A tia de Paula disse que ela "sempre poderia tentar de novo", acrescentando ainda: "Pelo menos, você tem o Thomas". Paula não conseguia acreditar que sua tia pudesse ser tão insensível. Ela amava seu menininho e amaria qualquer outro filho que viesse a ter no futuro, mas isso não modificava o fato de ela querer também o bebê que havia perdido.

Algumas pessoas – mesmo familiares mais próximos – acham qualquer conversa sobre perda ou morte tão constrangedora que tentam seguir em frente como se nada tivesse acontecido.

A família de Jeanne nunca fora muito propensa a demonstrar seus sentimentos, fosse por meio de palavras ou de gestos. Quando Jeanne voltou do hospital depois de ter abortado, ninguém disse uma palavra sobre o assunto. Diversas pessoas perguntaram-lhe como estava ou se ela estava "se sentindo melhor", mas era como se o bebê nunca tivesse existido. Jeanne começou a sentir que teria de fingir ser uma jovem radiante e positiva que não tinha nada com que preocupar.

Cada um tem sua maneira de vivenciar as perdas, mas, seja como for, o processo é importante. Algumas mulheres que acabaram de abortar precisam falar sobre o que aconteceu, enquanto outras só necessitam de um ouvido atento. Certas mulheres apresentam um sentimento de perda quase devastador, enquanto outras carregam consigo um ar silencioso de profunda tristeza. Cabe àqueles que são os amigos ou parentes dessas mulheres assumir o comando e, colocando de lado suas próprias tendências naturais, permitir que elas elaborem a perda em seus próprios termos. Muitas vezes é difícil compreender o quanto esse processo pode ser longo e como é importante manter o contato pelo tempo que for necessário.

No caso de Jeanne e seus familiares aparentemente calmos, a pessoa que fez toda diferença foi uma vizinha. Nos primeiros dias, ela costumava ir à casa de Jeanne e em silêncio a ajudava nos trabalhos domésticos corriqueiros. Juntas, colocavam ordem na casa, tiravam o pó e lavavam a louça. Quando Jeanne queria falar, a nova amiga a escutava; quando se perdia em seus próprios pensamentos, ela se calava.

Jeanne me falou de todo o apoio que essa vizinha lhe deu. Mesmo meses depois, ela batia à sua porta de vez em quando com um buquê de flores tiradas de seu jardim – "Achei que você pudesse gostar dessas flores"; ou um prato de comida – "Estava fazendo uma torta de carne para nós e resolvi fazer uma para você também".

Como as palavras de condolência podem às vezes ser extremamente inadequadas, o maior bem que alguém pode

66 *Aborto espontâneo*

fazer a quem acabou de sofrer um aborto é ouvir. Deixe-a falar sobre o que aconteceu, sobre sua tristeza e seus medos. Falar é importante para quem acabou de abortar porque, pelo fato de não haver nada tangível que prove a existência da gravidez, parece validar a existência do bebê.

Rachel contou-me quanto apreciou o fato de duas de suas amigas nunca a terem interrompido, deixando que ela falasse quanto quisesse. Por vezes, chegou a temer que pudesse estar aborrecendo-as, mas elas continuaram ao seu lado e, por fim, a necessidade de falar sobre o que tinha acontecido foi diminuindo e Rachel se sentiu em condições de voltar a enfrentar o mundo e o futuro.

A interação entre a mulher e seu parceiro após o aborto é muito importante. Em certos sentidos, a perda do bebê pode ser tão penosa para o homem quanto para a mulher. Mas em outros, poderá não ser o mesmo para ele, já que nunca carregou o bebê dentro de si.

O marido de Abigail estava viajando a negócios quando ela abortou subitamente, de maneira que sua ausência física não foi culpa sua. Ele apressou-se em retornar assim que soube que havia problemas, mas tudo foi tão rápido que, quando chegou, já havia acabado.

Na primeira vez em que vi Abigail, ela disse: "Se Graham me disser outra vez que entende como estou me sentindo, vou gritar. *Ele* não estava comigo quando tudo aconteceu, *ele* nunca sentiu o bebê se mexer em sua barriga – como pode entender? Lamentar a perda, sim. Apoiar, sim. Mas entender como eu me sinto – nunca!".

O período que sucede um aborto pode ser extremamente difícil para os homens. Eles também perderam um bebê e, portanto, na maioria dos casos, sofrem a dor da perda. Mas como não puderam fazer nada para impedir que o fato ocorresse e como freqüentemente sentem-se inúteis depois do ocorrido, podem se considerar excluídos de todo o processo de luto.

Alguns simplesmente não sabem como demonstrar os sentimentos e muito menos dizer o que sentem. Outros fazem tudo que podem para manter suas emoções sob controle porque têm medo de perturbar ainda mais a mulher se mostrarem a ela seu próprio sofrimento.

Em situações como essa, a melhor coisa que o homem pode fazer é abraçar sua companheira, deixá-la explodir, xingar, gritar ou chorar à vontade. Do mesmo modo, caso ela queira ficar em silêncio ou falar, o homem deve deixá-la à vontade. Nunca apressá-la, mas permitir que ela processe-os em seu próprio ritmo para que possa encarar o futuro novamente.

Quando Irene voltou do hospital após ter sofrido o segundo aborto, seu marido, Stuart, fez tudo que pôde para apoiá-la. Imaginando que fosse o melhor a fazer, ele decidiu agir de maneira positiva e otimista, falando-lhe do futuro que construiriam juntos e dos filhos que teriam algum dia. Mas para Irene era cedo demais para falar nisso; naquele momento, tudo que ela queria era pensar no bebê que havia perdido. Como achava que Stuart não estava mais interessado no bebê que perdera, tornou-se cada vez mais difícil falar com ele à medida que o tempo ia passando. Se não tivessem decidido fazer terapia juntos, a relação deles poderia ter acabado.

Em casos em que a mulher acha difícil – se não impossível – falar com qualquer pessoa, mesmo com o parceiro, e guarda tudo para si, ela não apenas está acumulando problemas futuros, mas também arriscando a relação por deixar o homem de fora – ainda que, como ocorre na maioria dos casos, ele também esteja sofrendo.

Após o aborto, a parte sexual da relação também pode ser drasticamente afetada de inúmeras maneiras. É importante evitar o sexo por pelo menos duas semanas para afastar qualquer risco de infecção. Mesmo depois de o casal receber permissão para retomar sua vida sexual, a mulher

68 *Aborto espontâneo*

pode não se sentir emocionalmente preparada para fazê-lo. Se esse for o seu caso, não se preocupe. Você não é anormal – sentir isso é muito comum – e suas necessidades e desejos sexuais anteriores voltarão com o tempo.

Procure explicar a seu parceiro como está se sentindo para que ele possa entender o que está acontecendo. Além disso, pelo simples fato de você não querer ter relações sexuais, não quer dizer que não queira desfrutar de outras formas de contato amoroso com seu parceiro. Se isso também lhe parecer impossível no momento, nada impede que você diga o que sente por ele – e que ele reafirme seus sentimentos por você. No entanto, por mais compreensivo que seu parceiro possa ser, pode chegar um momento em que sua frustração sexual provoque uma cisão entre vocês.

Algumas mulheres agem de maneira totalmente contrária: sua determinação de voltar a engravidar quanto antes faz com que queiram fazer sexo com o máximo de freqüência possível. Ou ficam tão ocupadas com datas e temperaturas como meios de assegurar a melhor oportunidade de conceber de novo que todo o amor e envolvimento é afastado da relação sexual, e o homem muitas vezes sente-se como "uma máquina de fazer bebês", o que pode lhe causar muito ressentimento.

Além da distância que isso pode provocar entre o casal, é comprovado o fato de que quanto maior é o nível de tensão, menor é a chance de a mulher engravidar. E controlar datas e desesperar-se a cada nova menstruação só aumentam a tensão. Como você poderá ver no Capítulo 6, quanto mais relaxado for seu comportamento diante da situação, maior será sua chance de engravidar de novo.

O apoio do parceiro pode ser inestimável com o passar do tempo, quando todas as outras pessoas voltam-se para seus próprios interesses, mas a dor e a tristeza ainda vêm à tona de vez em quando.

Como me disse uma mulher: "Meu marido foi maravilhoso; ele foi a única pessoa com quem pude falar abertamente sobre o que estava sentindo – mesmo meses depois do aborto, quando todos achavam que eu 'já havia superado o trauma'. Eu estava muito bem, mas de vez em quando a dor voltava, por exemplo, se eu estivesse assistindo a um filme triste sobre amor e intimidade ou na data em que nossa filhinha deveria nascer. Ele, na verdade, nunca falou muito, mas simplesmente me envolvia em seus braços e me apertava forte enquanto eu chorava."

Às vezes, quando a mulher está com as emoções à flor da pele em conseqüência do aborto, pode achar que decepcionou seu parceiro e que, se ele tivesse escolhido outra mulher, poderia agora ser pai. Como pode ser difícil para ela expressar isso em palavras, o homem terá de ser muito sensível para perceber o que ela está pensando e reafirmar que escolheu passar a vida com *ela* por ser a pessoa que é, e não pelos filhos que eventualmente viesse a lhe dar.

É comum que o homem se veja numa situação difícil quando a mulher lhe pergunta como *ele* está lidando com a perda do bebê. Se ele disser que está lidando bem, estará arriscando ser acusado de insensível, enquanto na realidade poderá estar apenas tentando mostrar-se forte por causa dela. Se, entretanto, desandar a chorar com ela, poderá ser acusado de estar prolongando o sofrimento e piorando a situação – e, portanto, o estado dela.

Embora todos compreendamos que o homem não passou pela experiência física do aborto da mesma maneira que a mulher, é muito difícil ficar ao lado e ver alguém que a gente ama sofrendo – especialmente quando o aborto é prolongado. Além disso, como costuma haver uma perda considerável de sangue, a situação de quem fica ao lado da mulher pode ser extremamente complicada. A maioria dos homens conhece suficientemente bem a mulher que tem para saber se ela quer que ele demonstre sua dor ou que

70   *Aborto espontâneo*

seja a rocha sobre a qual poderá se apoiar. Mesmo que não esteja seguro quanto ao que ela espera, ele deve entender que o mais importante a fazer é estar ao seu lado, procurar dizer o que sente e reafirmar seu amor por ela.

Certos homens não lidam muito bem com o aspecto físico do aborto, mas permanecem ao lado da cama por amarem suas parceiras. Pode ser muito duro para o homem assistir ao sofrimento da pessoa amada, preocupado com o que está acontecendo e sofrendo a perda do bebê, cuja vida está acabando antes mesmo de ter começado.

Às vezes o marido ou namorado vê o aborto como um empecilho no processo de formação de uma família, e isso pode fazer que pareça mais desapontado do que triste com a perda do bebê, o que pode ser difícil para a mulher entender. Na realidade, ela pode começar a achar que ele não se importa e, se isso acontecer, o casamento estará seriamente ameaçado.

A mãe que sofreu um aborto pode ter um ou mais filhos para cuidar. Muitas pessoas consideram apenas os abortos que acontecem durante a primeira gravidez ou os casos de mulheres que sofrem sucessivas perdas, sendo incapazes de ter filhos. Mas isso está muito distante da realidade. Embora seja provavelmente menos comum, não é raro o fato de uma mulher que já tem filhos sofrer um ou mais abortos, para os quais não se encontra nenhuma explicação.

A maneira de lidar com os filhos que você já tem quando sofre um aborto depende muito da idade deles e do estágio alcançado pela gravidez.

Se a gravidez estava no início, é possível que as crianças nem tenham tomado conhecimento. Mas se estava em estágio avançado, as crianças maiores provavelmente já sabiam o que estava acontecendo e haviam informado as menores de que "há um bebê na barriga da mamãe" ou "você vai ter um irmãozinho ou irmãzinha".

Uma vez que esse estágio tenha sido alcançado, será preciso encontrar alguma maneira de contar a eles sobre a perda do bebê – e procurar fazê-lo sem assustá-los com a possibilidade de isso voltar a acontecer com outros bebês ou com a sua saúde.

É sempre melhor, quando se trata de falar com os filhos a respeito de qualquer tipo de perda, dizer a verdade, naturalmente sem deixar de levar em consideração a idade e o nível de entendimento. Tampouco deve-se tentar esconder deles seu próprio sofrimento; o que aconteceu é triste e eles precisam saber que você está infeliz. Mas é também necessário assegurar que isso não ocorre em toda gravidez e que você está bem de saúde. Talvez você tenha passado algum tempo no hospital e, para uma criança, qualquer sinal de doença na mãe pode ser muito assustador.

Kate não tinha nenhuma intenção de engravidar nessa ocasião. Ela e seu marido já tinham quatro filhos: os dois meninos já estavam entrando na adolescência e as duas meninas tinham 4 e 2 anos. Ela nunca tivera qualquer problema para conceber nem com a gravidez de cada um dos filhos. Mas exatamente quando estava se acostumando com a idéia de ter um quinto filho, abortou e admirou-se ao perceber quanto isso a fazia sofrer.

Os dois meninos tomaram conhecimento da gravidez desde o início, mas era cedo para as meninas saberem. Kate ficou surpresa ao notar que os meninos haviam ficado muito perturbados com o que tinha acontecido e estavam realmente preocupados com a sua saúde.

Quando conversei com Kate algumas semanas depois do aborto, ela me disse que os meninos haviam tido um papel fundamental no sentido de ajudá-la a aceitar o que havia acontecido. Se sentia necessidade de chorar, eles estavam ali para abraçá-la e dar-lhe todo o apoio que podiam. Se ela quisesse falar sobre o que havia acontecido, estavam dispostos a ouvi-la repetir a mesma coisa muitas e muitas vezes. Preocupados em proteger as irmãzinhas, os meninos as afastavam de Kate sempre que percebiam que ela estava sofrendo mas não queria que as meninas soubessem disso.

Outra coisa que surpreendeu Kate foi que, apesar de a gravidez não ter sido planejada e ela sempre ter achado que sua família estava completa com os quatro filhos que tinha, ela passou a desejar outra criança. Seu marido mostrou-se bastante receptivo à idéia e, quatro meses depois, ela engravidou de novo. Dessa vez tudo correu bem, e no ano seguinte ela deu à luz um menino de 3,5 quilos.

Uma das coisas que Kate me contou foi que, longe de ser um motivo a mais de tensão falar aos filhos sobre o aborto, foi o amor e o apoio deles que a ajudaram a aceitar o que havia acontecido mais rapidamente.

Talvez você ache que a primeira pessoa a quem uma mulher que abortou recorreria seria sua mãe – e em muitos casos é isso mesmo que ocorre (e sogras também podem ser muito boas para isso). Mas se a mãe em questão nunca foi uma pessoa muito afetuosa ou carinhosa, não é o aborto que de uma hora para outra vai transformá-la.

Uma mãe que sempre teve dificuldade para falar com a filha a respeito de menstruação, sexo ou qualquer outro assunto íntimo provavelmente vai ter a mesma dificuldade para dizer as palavras certas no caso de a filha ter sofrido um aborto. Isto não quer dizer que ela não se importa ou que não esteja preocupada, mas apenas que, se tem dificuldade para demonstrar o que sente, é mais provável que não seja a pessoa indicada para essa situação.

Em certos aspectos, a mãe amorosa está na mesma posição do parceiro; ela também tem de estar presente vendo-a sofrer, o que não é nada fácil. E embora obviamente o bebê não seja seu, pode trazer grande conforto falar com ela, simplesmente pelo fato de ser uma mulher que também teve filhos.

Caroline achou que sua mãe era a pessoa certa com quem contar após o aborto. Afinal, ela própria havia abortado duas vezes antes de ter tido Caroline e sua irmã. Mas não foi o que aconteceu. A atitude da mãe foi bastante brusca, dizendo a Caroline: "Eu já passei por isso, agora é a sua vez".

Você conhece a mãe que tem – o tipo de pessoa que ela é e se é capaz de falar sobre temas delicados como esse. Você não vai mudar ninguém agora; portanto, se acha que ela não é a pessoa indicada, siga sua intuição. Se, no entanto, acha que ela pode ser útil, solidária e compreensiva, é porque ela pode lhe dar a maior ajuda numa hora difícil como essa.

A mulher que passou pela experiência do aborto tem emoções tumultuadas e pode se surpreender com certos sentimentos que possa vir a ter com relação a suas amigas. Eis algumas das confissões que ouvi quando estava entrevistando mulheres para este livro:

"Por muito tempo, não suportei ver uma mulher grávida. E parecia que todas as mulheres que eu via na cidade estavam grávidas. Eu me odiava por sentir isso, mas simplesmente não estava sob meu controle."

"Minha melhor amiga decidiu pelo aborto quando era muito mais jovem. Eu sempre soubera disso e o fato nunca me incomodou. Mas de repente, quando tive um aborto espontâneo, era-me insuportável estar na mesma sala que ela – eu sentia ódio dela, e esse sentimento me assustava muito. Acabou passando e tudo está bem hoje, mas naquela época foi muito assustador."

"Eu tinha muita dificuldade para levar minha filhinha ao jardim-de-infância, porque todos ali sabiam que estivera grávida e que perdi o bebê. Eu sentia que todos estavam olhando para mim e se perguntando o que havia de errado comigo (embora, na realidade, eu não acreditasse nisso). Queria gritar para eles e dizer-lhes que não era nenhum monstro, apenas alguém que tinha perdido um bebê."

74   *Aborto espontâneo*

"Foi preciso um grande esforço para parecer satisfeita quando minha irmã mais nova me telefonou dizendo que estava esperando seu segundo filho. O *segundo* – ela é três anos mais nova que eu e eu nem mesmo consegui completar a gestação de um. Tentei dizer as palavras certas, mas sei que dentro de mim havia uma pessoa terrível que quase desejava que ela também perdesse seu filho."

Todos esses depoimentos são citações diretas de mulheres bondosas, amorosas e afetuosas, mas que, como parte do processo de luto, tiveram esses sentimentos negativos, que eram totalmente estranhos ao seu modo usual de pensar. O motivo de eu tê-los transcrito aqui é mostrar que esse tipo de coisa faz parte do processo de vivência da perda – para que você não se assuste se perceber que está tendo sentimentos semelhantes. Com o tempo, eles acabam passando e você volta a ser quem sempre foi.

A mulher que acabou de abortar precisa conhecer a si mesma para saber se é do tipo de pessoa a quem um grupo de apoio pode ajudar ou se é do tipo que prefere conversar numa relação a dois – seja com um amigo ou amiga, um parente ou um profissional.

Algumas sentem que só querem falar com quem teve a mesma experiência. Outras preferem conversar com um profissional que se importe com elas, mas que mantenha certa distância da situação. Lembre-se de que falar é parte essencial do processo de cura, e qualquer que seja o método escolhido vai ajudá-la a perceber que o que você está sentindo é normal.

CAPÍTULO 6

Ajuda e auto-ajuda

O aborto aconteceu. É um fato. Nada que alguém possa dizer ou fazer vai mudar isso. Tudo que pode e deve ser feito é reconhecer o trauma, curar alguma seqüela que ele possa ter deixado e tratar de encarar o futuro com a perspectiva mais otimista possível.

Este capítulo e os dois seguintes têm como propósito ajudá-la a fazer isso. Neste, você vai encontrar descrições de técnicas que poderá utilizar para se ajudar, além das diferentes terapias que poderão também auxiliá-la.

No Capítulo 9 vamos percorrer juntas todos os aspectos do aborto e suas seqüelas, bem como explorar os métodos mais eficazes de lidar com esse fato.

Vamos começar com uma organização extremamente importante do Reino Unido, que já foi mencionada neste livro.

MISCARRIAGE ASSOCIATION
(Associação de mulheres que sofreram aborto)

Essa organização foi fundada em 1982 por um grupo de mulheres, todas com experiências pessoais de aborto espontâneo. Começando com bases muito precárias, tem hoje no Reino Unido mais de 200 voluntários atendendo aos telefonemas e 80 grupos de apoio.

76 *Aborto espontâneo*

Eis como essa organização se define:

A Miscarriage Association é uma organização beneficente de caráter nacional que oferece ajuda e informação sobre problemas relacionados ao aborto espontâneo. Coletamos informações sobre causas e tratamentos e promovemos práticas eficazes para lidar com o aborto nos hospitais e na comunidade.

A Miscarriage Association pode ajudar a mulher de diversas maneiras: colocando-a em contato telefônico com uma voluntária dentro ou nas proximidades da região em que ela mora; informando-a sobre como entrar em contato com o grupo de apoio mais próximo, para que possa se juntar a outras que também abortaram. Ali, ela vai poder falar com pessoas capazes de entender o que sofreu e continua sofrendo.

As reuniões dessas mulheres não têm nada de mórbido ou negativo. Embora todas ali presentes tenham em comum a experiência do aborto espontâneo, também possuem muitos aspectos positivos. Existem grupos que promovem palestras de profissionais conscienciosos que podem oferecer conselhos úteis e proporcionar esperança e, também, visitas de ex-participantes que acabaram tendo filhos e que podem, por isso, estimular aquelas que ainda estão vivenciando os primeiros estágios da perda.

A Miscarriage Association também publica um informativo quinzenal e boletins com dados atualizados sobre aborto espontâneo, suas possíveis causas e os tratamentos já existentes. Entre seus membros, há profissionais preocupados com o modo com que o aborto é tratado nos hospitais e na comunidade, e, em decorrência disso, a organização está trabalhando de diversas maneiras para promover boas práticas nessas áreas.

TÉCNICAS DE AUTO-AJUDA

1. Relaxamento

Apesar de o relaxamento ser muito difícil de ser praticado imediatamente após o aborto, existem inúmeras razões para fazer dele uma das técnicas mais importantes a serem aprendidas.

- Como a tensão muscular aumenta a dor física, o relaxamento pode reduzir a dor e o mal-estar sofridos durante e após o aborto.
- Em momentos de *stress* – e o que pode ser maior fator de *stress* do que a perda de um bebê há muito desejado – todos podemos nos tornar vítimas de uma vasta série de problemas, desde os relativamente pequenos (como dor de cabeça, insônia etc.) até os mais sérios (como pressão alta, infarto e ataque cardíaco). O *stress* pode ser reduzido significativamente pela prática regular de uma técnica eficaz de relaxamento.
- O relaxamento – particularmente quando acompanhado de uma visualização dirigida – pode ajudar muito quando o que está em questão é lidar com as tensões mentais e emocionais relacionadas com o aborto.
- A maioria dos tratamentos dispensados, seja por médico ortodoxo, parteira, enfermeira ou praticante de alguma terapia complementar, é mais eficaz quando o paciente consegue ficar suficientemente relaxado.
- O relaxamento é o primeiro estágio fundamental da prática de visualização que, por si só, pode ser uma importante ajuda para que a pessoa seja bem-sucedida em qualquer área de sua vida.
- O ato de relaxar pode ser aprendido por qualquer pessoa, e também muito rapidamente, embora sua eficácia seja maior se praticado por determinado

78 *Aborto espontâneo*

período de tempo. Por essa razão, as mulheres que sentem que foram de alguma maneira tomadas pelos acontecimentos podem agora fazer algo positivo para assegurarem sua capacidade de enfrentar os problemas.

A técnica

Existem inúmeras técnicas de relaxamento, sendo cada uma delas válida e eficaz à sua própria maneira. Se você já fez aulas de ioga, provavelmente já conhece alguma. Mas se nunca praticou nenhuma delas, esta é bem fácil de aprender e vai satisfazer todas as suas necessidades.

Muitas pessoas têm uma idéia errônea do que é relaxar, achando que é "não fazer nada" ou "ficar sentado diante da televisão". Mas é possível fazer essas coisas e continuar sofrendo tensões. Relaxar de verdade é algo que pode ser aprendido e, a técnica, uma vez dominada, se mostrará altamente benéfica em diferentes circunstâncias da vida.

Uma técnica de relaxamento deve incluir todos os seguintes elementos:

- Você deve estar confortável.
- Os olhos devem ser fechados para impedir que a mente seja distraída pela luz ou por qualquer outro objeto ao seu redor.
- Os músculos devem estar o mais relaxados possível. Uma ótima maneira de conseguir isso é tensioná-los primeiro e depois soltar toda a tensão.
- A respiração deve ser regular. Quando observamos – quando estamos ansiosos, nervosos ou tensos – como nossa respiração fica rápida e pesada (e, em casos extremos, chega a ser hiperventilação), é fácil relacionar a respiração lenta e regular com uma atitude mais calma e relaxada.

- A mente deve se ocupar com imagens agradáveis. Você vai perceber que, apesar de existirem professores de relaxamento que insistem no "esvaziamento da mente", isso é impossível – a não ser que você pratique meditação há muitos anos – e que todas aquelas preocupações ou pensamentos que provocam tensão tendem a retornar. Por isso, é melhor ocupar a mente com pensamentos e imagens agradáveis, uma vez que, sendo impossível pensar em mais de uma coisa de cada vez, esses afastarão todos os pensamentos negativos.

O ambiente

Escolha uma hora do dia em que tiver bastante tempo para praticar sua técnica de relaxamento sem ter de consultar o relógio – você só vai precisar de 15 ou 20 minutos; até familiarizar-se com o exercício e poder praticá-lo com facilidade, é importante que você o pratique diariamente.

O ambiente em que você vai fazer o relaxamento deve ser quente o bastante para ser confortável, mas não quente e abafado a ponto de causar a sensação de sufocamento, desconforto ou até mesmo adormecimento. O ar fresco pode ser benéfico, mas procure certificar-se de que não há nenhuma corrente de ar encanado.

A roupa também deve ser confortável e quente o suficiente para garantir que você não pegue um resfriado, sem nada apertando ou dificultando seus movimentos.

Providencie para que ninguém a perturbe enquanto estiver relaxando. Se houver alguém por perto, peça a essa pessoa para atender à porta ou o telefone; caso contrário, tire o telefone do gancho e faça de conta que não está em casa.

Certas pessoas acham agradável a presença de um fundo musical para relaxarem. Faça como você achar melhor, mas procure uma música instrumental, para que as

80   *Aborto espontâneo*

palavras não interrompam as imagens que você possa visualizar.

Você pode preferir ficar sentada numa cadeira ou deitada – num sofá, na cama ou mesmo no chão. Na verdade, não faz nenhuma diferença desde que se sinta confortável e que a cabeça e o pescoço estejam apoiados (de maneira que, se for sentada numa cadeira, procure uma que tenha um encosto alto o bastante ou use uma almofada).

Vou descrever o roteiro que você poderá seguir para relaxar. Com o passar do tempo, talvez você queira mudar esse roteiro para adequá-lo melhor à sua personalidade e imaginação – mas, por enquanto, pode estar certa de que ele funciona para quem quer que o aplique e, portanto, é um ótimo começo.

Como há um roteiro e é impossível relaxar e ao mesmo tempo ler o livro, eis algumas sugestões do que você pode fazer:

- Pedir a uma amiga ou a seu parceiro que leia o roteiro para você.
- Gravar uma fita com sua própria voz lendo o roteiro – mas procure falar muito devagar, provavelmente muito mais devagar do que você imagina ser necessário; quanto mais relaxamos, mais lentas são nossas reações ao que nos é dito.
- Usar uma fita com instruções de relaxamento produzida profissionalmente. Talvez você já tenha uma; caso contrário, vai encontrar sugestões de onde achá-la no final do livro.

Ao completar a leitura do roteiro antes de colocá-lo em prática, você vai perceber que foi usada a imagem de uma caminhada no campo, já que é algo familiar à maioria das pessoas. Se, no entanto, essa imagem não tem nada a ver com sua vida real, fique à vontade para substituí-la por qualquer outra do seu agrado – talvez uma praia ensolarada, um jardim, uma encosta de montanha ou a margem de um rio... ou qualquer outro lugar que lhe seja belo, agradável e bom para relaxar.

O roteiro

Sente-se ou deite-se confortavelmente com a cabeça e o pescoço apoiados, as pernas descruzadas e as mãos repousando sobre seu colo ou ao lado do corpo. Feche os olhos.

Tensione os músculos dos pés o máximo que puder e então solte toda a tensão de uma vez, de maneira que fiquem realmente pesados e relaxados.

Agora, faça o mesmo com as pernas e as coxas: tensione-as, solte a tensão e deixe-as relaxar.

Concentre-se agora nas mãos e cerre os punhos, mantendo-os assim por cerca de cinco segundos antes de soltá-los – não se preocupe se as mãos começarem a formigar ou ficar quentes, pois isso é normal.

Faça o mesmo com os braços e antebraços. Sinta a tensão nos músculos antes de deixá-los relaxar o máximo possível.

Preste atenção agora em seu corpo como um todo. Tensione e enrijeça os músculos do tronco e, em seguida, solte toda a tensão. Imagine que seu corpo está ficando cada vez mais pesado a cada vez que você inspira.

Agora é hora de se concentrar na área em que normalmente a tensão é maior – os ombros, a cabeça, o pescoço, a face e os maxilares. Tensione o queixo, franza o rosto, erga os ombros na direção das orelhas. Agora, solte toda a tensão e perceba a diferença. Deixe os ombros ficarem relaxados e pesados; deixe o queixo relaxar; sinta as pálpebras pesadas.

Passe agora um tempo concentrada na respiração. Deixe-a tranqüila e regular – concentre-se no ritmo de sua respiração. Quando ela estiver totalmente regular, apenas inspire e expire dez vezes, contando mentalmente.

Em seguida, é hora de usar a imaginação para levá-la a um lugar que você acha maravilhoso.

Sugiro que você se veja numa paisagem campestre, olhando o lindo cenário a sua volta. Coloque nessa paisagem o que mais gostaria de ver – a paisagem é sua e você a constrói do modo que quiser. Talvez campos relvados ou de trigo com morros avermelhados no fundo. Talvez com bois ou ovelhas. Você pode ver fazendas ou cabanas. Pode haver um rio ou córrego cujas águas refletem a luz do céu. Não tenha pressa e deixe que a paisagem tome forma em sua mente – alterando as coisas que desejar – até alcançar o que para você é a paisagem perfeita.

Deixe por alguns instantes que a paisagem se fixe em sua mente, para que possa voltar a ela sempre que desejar. Procure gravar todos os seus detalhes, de todos os ângulos possíveis, e o que sente diante deles.

Comece agora a andar lentamente por esse caminho, olhando para a direita e para a esquerda e apreciando a beleza do cenário que sua mente criou. Está um dia maravilhoso, quente e ensolarado, mas não quente demais, e com uma brisa suave que mantém a temperatura num nível agradável. Sinta o sol no seu rosto e em seus braços, sinta a brisa acariciando levemente seus cabelos. Ouça os sons à sua volta: o farfalhar das folhas secas, o canto dos pássaros sobre as árvores, o mugido de uma vaca em algum campo próximo... Respire profundamente absorvendo os odores frescos e verdes do campo num dia esplendoroso.

Continue caminhando por um tempo, olhando para um lado e para outro, desfrutando do que vê. Finalmente, você chega ao início de um pequeno bosque – não é um lugar assustador, mas fresco, agradável e convidativo. As árvores ali são retas e fortes e muito, muito velhas.

Ajuda e auto-ajuda   83

Mentalmente, estenda uma mão e toque o tronco de uma dessas árvores antigas. Ele é quente, enrugado e áspero, mas você pode sentir sua energia pulsando.

Entre agora no bosque. O chão é macio; é um lugar calmo e tranqüilo. É um pouco mais escuro dentro dele, já que as copas das árvores se fecham lá no alto, mas logo acima de sua cabeça há uma abertura por onde o sol penetra.

Siga em frente até a clareira e pare dentro dela. Sinta os raios do sol sobre você como se fosse uma ducha quente, levando embora todas as tensões e deixando-a calma, revigorada e totalmente relaxada.

Visualize um gato; veja-o espichar-se ao sol, apenas por prazer. Imagine-se fazendo isso – espichando-se para cima para que os raios do sol possam tocar todas as partes de seu corpo, levando embora todas as tensões e deixando-a totalmente relaxada.

Passados alguns minutos, vire-se e comece a sair do bosque, seguindo as marcas deixadas por seus pés. Seu passo é agora um pouco mais leve, seus ombros estão um pouco mais eretos, sua respiração mais fácil e você se sente bem.

Quando chegar à saída do bosque, vá na direção da luz do sol, percorrendo de volta o caminho feito anteriormente.

Ao chegar no lugar em que começou, pare e olhe com calma ao seu redor. Contemple mentalmente a beleza da paisagem: ela é extremamente bela, é sua e você a merece – aproveite!

Saiba que, sempre que sentir necessidade ou desejo, você poderá retornar, em sua imaginação, a esse lugar maravilhoso e que, sempre que o fizer, terá essa sensação de relaxamento profundo e de total leveza.

Respire agora profundamente por três vezes e quando sentir que está pronta, abra os olhos.

Não quer dizer que o relaxamento sozinho cura todos os males resultantes de tudo que você passou. Mas com cer-

84 *Aborto espontâneo*

teza fará que se sinta melhor e a ajudará a retomar sua jornada em direção a um futuro mais promissor.

Você pode praticar essa técnica de relaxamento sempre que sentir necessidade. Isto não significa que, de uma hora para outra, vai se sentir renovada e livre de tensões. Na realidade, pode levar três ou quatro dias para você notar algum resultado mais consistente. Mas garanto que, desde que persevere com essa prática, você vai começar a se livrar de todo aquele acúmulo de tensão e, uma vez que tenha chegado a esse ponto, pode ter certeza de que seu corpo e mente estarão preparados para curar-se do trauma sofrido.

É provável que o período ideal para praticar essa técnica de relaxamento seja à noite na cama antes de dormir. Isso porque permitirá que os últimos pensamentos conscientes e subconscientes da mente antes de adormecer sejam relaxantes e positivos – são eles que vão predominar enquanto você dorme – e, com isso, você provavelmente despertará num estado de espírito muito mais otimista.

(Se preferir praticar o relaxamento à noite, antes de dormir, talvez queira omitir a contagem até três, que consta no roteiro gravado na fita, antes de abrir os olhos.)

2. Visualização

Visualizar é simplesmente outro modo de dizer "ver figuras na sua imaginação" e também tem um papel muito importante na cura e na transformação em uma pessoa mais positiva.

Talvez você já tenha ouvido falar ou lido sobre como a visualização ajudou outras pessoas. Muitos livros e artigos sobre o assunto têm surgido – desde o atleta que "se vê" vencendo a competição antes de ter começado até a criança com câncer que visualiza um exército de "células sangüíneas saudáveis" combatendo as células doentes em seu corpo e, em seguida, vê-se completamente curada.

A visualização pode funcionar para o bem ou para o mal. Todos conhecemos pessoas que, apesar de motoristas competentes, são repetidamente reprovadas nos testes, o que atribuem ao seu nervosismo. Na realidade, como se apavoram diante do teste de direção, essas pessoas tendem a repetir para si mesmas afirmações como: "Eu *sei* que não vou conseguir" ou "Eu sempre encosto na guia quando tenho de manobrar". E, como se tivessem programado um computador interno, é exatamente isso que acaba acontecendo.

Venho há anos utilizando métodos de visualização para ajudar as pessoas a enfrentar situações como exames, testes de direção e entrevistas de emprego, com muito êxito. É claro que as pessoas também precisam saber o que estão fazendo; elas não vão ser aprovadas no teste se nunca se colocaram diante do volante de um carro nem passarão nos exames se não revisaram a matéria em questão. Mas essas não costumam ser as causas do fracasso.

Você pode estar se perguntando o que tudo isso tem a ver com o fato de ter abortado (uma ou mais vezes). Nenhuma visualização vai trazer de volta o bebê que você perdeu, mas vai ajudar seu corpo e sua mente a alcançarem aquele estado positivo em que será capaz não apenas de superar o passado, mas também de encarar o futuro.

Por que a visualização funciona? Porque a mente subconsciente é muito mais receptiva a imagens do que a palavras. Afinal, as imagens surgiram antes das palavras. Quando você era bebê, em seu carrinho, talvez tenha visto uma bola vermelha no chão. Você gostou da figura da bola e a desejou, mas não tinha palavras para dizer a alguém que queria aquela bola. Assim, talvez você tenha estendido os braços na direção da bola, feito ruídos ou até mesmo chorado para tê-la. Totalmente sem palavras, tomou consciência de que realmente queria aquela bola e também totalmente sem palavras, sabia que ficava feliz quando alguém pegava a bola e a dava para você.

À medida que crescemos e aprendemos a falar, as palavras tornam-se extremamente importantes. Quando crianças, também temos a capacidade de imaginar de forma bastante nítida (alguns chamam isso de fantasiar, outros de devanear, mas o que são os devaneios senão o uso da imaginação?)

Depois, quando ficamos ainda mais velhos, descobrimos muitas vezes que nossa mente fica tão atravancada de palavras e fatos que perdemos a capacidade de visualizar – e algumas pessoas chegam a considerá-la uma perda de tempo. No entanto, essa é provavelmente a capacidade mais valiosa que você possui para fazer o bem.

Suponha que você seja uma das pessoas que se acham incapazes de visualizar imagens mentalmente – e então? Como vai conseguir utilizar essa fantástica ferramenta?

Você pode ter certeza de que as únicas pessoas que não conseguem visualizar imagens são aquelas que nasceram cegas (e existem outras técnicas especiais para ajudar essas pessoas, que fazem uso de seus dons particulares). Mas qualquer pessoa que já tenha enxergado é capaz de visualizar. É verdade, entretanto, que muitas pessoas perdem temporariamente essa capacidade quando se tornam adultas – seja em decorrência da educação que tiveram ou do fato de sua vida ter ficado tão tomada por coisas práticas que aspectos considerados prazerosos, como os devaneios, foram descartados.

Pense na perda da capacidade de imaginação como um músculo que perdeu a força por falta de uso. Se isso aconteceu com um músculo de seu corpo, você sabe perfeitamente bem que a prática regular de exercícios moderados, aumentando aos poucos a força, irá fazer com que ele a recupere totalmente. Os "músculos" da imaginação não são diferentes. Mesmo que você ache que não consegue "ver" nada, continue praticando e, em breve, começará a visualizar coisas.

Se esse é o seu caso, siga os quatro passos do roteiro descrito a seguir até que sinta ter resgatado a sua capacidade de visualizar. Você não vai perder seu tempo, isso posso lhe garantir. A capacidade de visualização vai mantê-la bem, não apenas neste momento particularmente difícil de sua vida, mas também em qualquer situação futura em que você quiser assumir maior responsabilidade por seu destino.

Visualização aperfeiçoada

A) Coloque um objeto sobre uma mesa à sua frente. Algo simples, como uma xícara, um jarro, um vaso ou mesmo uma flor. Olhe para o objeto, observando nele tudo que puder. Não o encare simplesmente como "um vaso", mas realmente *olhe* para ele. Observe sua forma, seu tamanho e sua cor. O que o torna diferente de qualquer outro vaso? Feche agora os olhos e tente ver o vaso mentalmente.

No início, talvez seja difícil, especialmente se não estiver acostumada a fazer isso, mas lembre-se de que não se trata de um teste. Se você não tem certeza de como é o vaso, abra os olhos e olhe para ele outra vez antes de voltar a fechá-los para tentar visualizá-lo. Continue fazendo esse exercício diariamente até que se torne fácil.

B) Passe agora para algo maior. Olhe para o ambiente em que você está. O que pode ver da posição em que se encontra? Feche os olhos novamente e tente recriar o cenário em sua imaginação – abrindo os olhos para dar outra olhada se sentir necessidade.

C) Quando os passos A e B tornarem-se relativamente fáceis, você poderá repetir o exercício usando outro ambiente com o qual tem familiaridade, mas não aquele em que se

88   *Aborto espontâneo*

encontra no momento. Talvez o escritório onde você trabalha ou seu quarto. Repita exatamente o que fez antes.

D) O último passo é visualizar um objeto inteiramente criado por sua imaginação. Visualize uma cena que lhe dê prazer. Crie um ambiente, uma paisagem ou um jardim em sua mente e, quando estiver satisfeita com ele, passe algum tempo ali para conhecê-lo – como se fosse um lugar real.

Quando tiver alcançado os resultados desejados em todos os quatro passos, terá exercitado suficientemente os "músculos da visualização" para que possam servi-la tanto agora quanto no futuro. No Capítulo 8, vou me empenhar para lhe mostrar como você poderá usar essa capacidade a seu favor nos vários estágios do processo de vivência da perda em decorrência de um aborto.

CAPÍTULO 7

Terapias complementares

Existe hoje uma infinidade de especialistas em terapias complementares que farão o que for possível para ajudá-la seja qual for o momento de seu processo de luto após um aborto espontâneo.

Acho importante chamar a atenção para o termo "terapia complementar" em oposição ao que certas pessoas chamam de "terapia alternativa". A última sugere que você tem de fazer uma escolha entre o que diz seu médico, parteira ou consultor e o que diz seu terapeuta. Não é necessário que isso ocorra. É totalmente possível que a medicina ortodoxa e a complementar andem de mãos dadas e, de fato, uma amplie visivelmente o poder de ajuda da outra.

É claro que existem pessoas que continuam insistindo em consultar ou *apenas* um terapeuta complementar ou *apenas* seu médico. Embora não caiba a mim negar a qualquer pessoa o direito de fazer suas próprias escolhas nesta ou em qualquer outra área da vida, não posso deixar de acreditar que seria melhor examinar todas as opções e depois seguir aquelas que lhe parecerem melhores.

Neste capítulo, vou fornecer informações sobre as diferentes terapias complementares que possivelmente encontram-se acessíveis e sobre o que você pode esperar delas.

Faça uso das terapias complementares que lhe parecerem convenientes após sofrer as conseqüências de um aborto. Muitas podem lhe ajudar a fortalecer a resistência a

90　Aborto espontâneo

possíveis infecções, ao mesmo tempo em que a tratam para que alcance o equilíbrio hormonal o mais rápido possível.

Certas terapias complementares podem também lhe ajudar emocionalmente depois de você ter sofrido um aborto. O aromaterapeuta, por exemplo, quando faz uma massagem para ajudá-la a relaxar e soltar algumas das tensões que se acumulam numa situação como essa, pode estar usando uma mistura de óleos especiais para tratar justamente aquelas emoções que já discutimos.

Entre os florais de Bach estão incluídos aqueles apropriados para lidar com as emoções relacionadas com o sofrimento de perda, e um especialista poderá receitar a combinação específica para o seu caso.

A hipnoterapia não apenas vai ajudá-la a relaxar física e mentalmente, mas também proporcionar uma oportunidade para liberar de seu subconsciente todos os medos, as dúvidas e as ansiedades que você possa estar escondendo de outros – e até de você mesma. E como a maioria dos hipnoterapeutas qualificados trabalha também com aconselhamento psicológico, você terá a oportunidade de discutir toda a situação.

ACUPUNTURA

É uma antiga modalidade terapêutica desenvolvida há milênios na China e em outros países do Oriente. Faz uso de agulhas muito finas que são insertas em pontos específicos do corpo. Embora possa haver algum tipo de sensação (calor, formigamento etc.) quando as agulhas são insertas logo abaixo da superfície da pele, praticamente não há dor. As agulhas são ou removidas de imediato ou, em alguns casos, deixadas até o final da sessão.

Como ocorre com a maioria das terapias complementares, a acupuntura também vê a pessoa holisticamente, ou

Terapias complementares 91

seja, em sua totalidade. O acupunturista vai lhe fazer perguntas sobre sua saúde, personalidade e experiências passadas durante o processo de terapia, de maneira que se duas pessoas buscam tratamento para o que aparenta ser o mesmo problema, não recebem necessariamente o mesmo tratamento. Um histórico bastante detalhado será necessário para se chegar ao tratamento adequado para cada paciente.

A maioria das terapias orientais tem como princípio o conceito de Chi, que é a força energética central do indivíduo. Quando o fluxo de Chi está desequilibrado, surgem os problemas, de maneira que o acupunturista procura restabelecê-lo por meio do tratamento, para restaurar a harmonia entre os aspectos físico, emocional e espiritual da pessoa em questão.

Além de usar agulhas (certifique-se de que elas sejam descartáveis ou de que o médico use sempre o *seu* conjunto de agulhas em você), às vezes também é feito o aquecimento de alguns pontos específicos de acupuntura por meio de uma erva aquecida, conhecida como moxa.

ACUPRESSURA

Essa é uma antiga forma de massagem em que o terapeuta estimula com seus dedos os pontos de acupuntura ao paciente. Ela é às vezes chamada de "acupuntura sem agulhas", uma vez que trabalha sobre os mesmos pontos e também com base na mesma teoria de harmonização do Chi da pessoa em questão.

TÉCNICA DE ALEXANDER

Essa técnica recebeu o nome de seu criador, F. M. Alexander, ator australiano que a desenvolveu no final do

92   *Aborto espontâneo*

século XIX. Baseia-se na teoria de que só quando o corpo está perfeitamente alinhado é que o indivíduo recebe uma resposta eficiente dos músculos – e a falta dessa resposta muscular pode interferir na saúde e na capacidade do corpo para funcionar devidamente. A técnica pretende ajudar a mente e o corpo do aprendiz a trabalharem juntos de maneira apropriada.

Os praticantes da técnica de Alexander guiam seus aprendizes por meio de simples procedimentos físicos, dando-lhes assistência por intermédio de instruções verbais e suaves toques cinestéticos ("sobreposição de mãos") como resposta.

AROMATERAPIA

Essa terapia em geral aplica massagem com óleos essenciais, misturados pelo terapeuta, depois ter ouvido o relato detalhado da vida do paciente para decidir qual é a mistura apropriada.

Os óleos também podem ser recomendados para uso doméstico, seja no banho ou como inalante. Eles são absorvidos pela pele e penetram nos tecidos e na corrente sangüínea, passando a circular por todo o corpo. Assim, a massagem não é apenas prazerosa e relaxante, mas também terapêutica.

FLORAIS DE BACH

Os florais de Bach foram descobertos por um médico, o dr. Edward Bach durante a década de 1930. Ele baseou suas descobertas no fato de que certas flores tinham o poder de curar o corpo ao tratar da desarmonia profunda entre os aspectos mental e espiritual do ser humano.

O terapeuta especializado nos florais de Bach, depois de ouvir o relato detalhado da história do paciente, receita uma combinação desses remédios naturais especificamente para ele. Os remédios são preparados com base em plantas naturais. Eles vêm em forma líquida e são ingeridos em pequenas doses; normalmente são misturados, em gotas, à água, que é tomada aos poucos. Agem muito rapidamente sobre a negatividade imediata, mas podem levar mais tempo quando se trata de problemas profundamente enraizados.

FITOTERAPIA

A fitoterapia, tanto a ocidental quanto a chinesa, use plantas naturais para a cura de doenças.

Como ocorre com muitas outras terapias complementares, o fitoterapeuta – que tem uma ampla formação tanto para diagnosticar quanto para prescrever ervas – trabalha holisticamente, em vez de concentrar-se em um sintoma específico.

HOMEOPATIA

A homeopatia trabalha com base no princípio da semelhança, mas os remédios são ministrados em doses tão pequenas que, apesar de estimularem o poder natural de cura do corpo, não provocam efeitos colaterais e não viciam. Na maioria dos casos, o remédio é ministrado em glóbulos, embora exista também em pó, a ser dissolvido na língua e em líquido, devendo ser tomado conforme as instruções médicas.

HIPNOTERAPIA

Por ajudar o paciente a relaxar completamente e, em seguida, voltar-se para o seu subconsciente, o hipnoterapeuta pode induzir esse paciente a curar-se.

94   *Aborto espontâneo*

Muitas pessoas têm idéias equivocadas sobre o que é e como funciona a hipnoterapia, acreditando que o paciente fique "inconsciente", "fora do controle" ou "sob o poder do terapeuta". Isso está muito longe de ser verdadeiro. Embora muito relaxado, o paciente estará sempre consciente de tudo que o terapeuta disser e entenderá cada palavra. Em nenhum momento perderá o controle ou submeterá sua vontade à do terapeuta.

Como a mente subconsciente é capaz de afetar o poder de cura do corpo, bem como de induzir um sentimento positivo na mente, as pessoas que se submetem à hipnoterapia tornam-se, em pouco tempo, mais positivas e passam a sentir-se muito melhor, além de superarem qualquer problema que possam ter tido.

TERAPIA ALIMENTAR

A abordagem dessa terapia é holística pelo fato de ir além dos sintomas para detectar o desequilíbrio que os está causando. O terapeuta alimentar vai examinar os padrões alimentares do paciente e também tentar descobrir se existe alguma deficiência de vitaminas ou minerais. Em certos casos pode haver algum problema envolvendo toxinas no corpo e no sistema digestivo do paciente. A terapia alimentar pode também ser usada para corrigir desequilíbrios hormonais em mulheres.

Pontos a serem lembrados quando da consulta com um terapeuta complementar:

1. Sempre que possível, escolha um terapeuta que lhe tenha sido recomendado.
2. Todo terapeuta ético deveria estar disposto a conversar – por pelo menos dez minutos e sem cobrar por

isso – para que você tenha certeza se esse é o tipo de terapia que deseja.

3. Não espere uma "cura" instantânea. A maioria das terapias complementares trabalha com base no princípio holístico de curar a pessoa como um todo, diferentemente da medicina ortodoxa, que tende a prescrever certo tratamento para determinado sintoma. Dê ao tratamento algum tempo para funcionar – seu terapeuta pode estimar quanto tempo deve levar.

4. Devido à abordagem holística, que trabalha com as tendências emocionais do paciente, além das físicas, é importante que você seja inteiramente honesta com o terapeuta. Ele ou ela tem a obrigação de seguir as mesmas leis de sigilo que os médicos, de maneira que qualquer coisa que você disser não será jamais repetida a outra pessoa. A omissão de seus sentimentos, entretanto, pode resultar em diagnóstico equivocado por parte do terapeuta.

CAPÍTULO 8

Encarando o futuro

É muito provável que ter passado pela experiência de um ou mais abortos tenha um efeito significativo, de muitos pontos de vista, sobre pensamentos e sentimentos acerca da possibilidade de engravidar novamente.

Passado o período de negação e, em seguida, de luto, toda mulher (e seu parceiro) tem de considerar se tentará outra vez e, em caso afirmativo, quando irá começar.

É claro que às vezes a escolha não é dela. Os exames feitos após uma série de abortos podem indicar que a mulher jamais será capaz de completar a gestação de um bebê – e essa deve ser uma das coisas mais difíceis que uma mulher pode ouvir. Parece excluí-la, torná-la diferente de todas as outras mulheres – incapaz de algo que deveria ser a coisa mais natural do mundo.

É claro que isso não é verdade e que a todo momento surgem mulheres que, por um motivo ou outro, não podem ter filhos biológicos (ou são aconselhadas a não terem). Mas se essas palavras lhe foram ditas, você não estará em condições de pensar em todas as outras mulheres que não têm filhos, nem mesmo de considerar a possibilidade de elas existirem. É seu mundo que parece ter desmoronado, seus sonhos é que não serão realizados e é a sua baixa auto-estima que faz que você comece a acreditar que é "diferente" ou mesmo "inferior" às outras mulheres.

98 *Aborto espontâneo*

Existem várias opções para a mulher que acabou de saber que nunca vai poder ter seus próprios filhos. A adoção é uma delas, como também a tutela ou mesmo a "mãe de aluguel", mas muitas mulheres se recusam a pensar nessas possibilidades e podem decidir que, se não podem ter seus próprios filhos, simplesmente não os terão.

Essa é uma decisão que só cabe à mulher e a seu parceiro – e ela não deve ser tomada precipitadamente. Seria com certeza um erro assumir qualquer compromisso futuro enquanto suas feridas estão ainda abertas, tanto pelo próprio aborto como pela notícia que lhe foi dada.

Ninguém pode dizer quando você estará em condições para pensar em tomar uma decisão desse porte. Para algumas mulheres, essa hora pode vir muito rapidamente, enquanto para outras pode levar meses ou até anos para pensar sobre isso.

O mais importante para a mulher é sentir, durante o processo de tomada de decisões sobre o futuro, que não está sob nenhum tipo de pressão. Ela tem de fazer o que quiser, não o que amigos e parentes bem-intencionados acham ser o melhor para ela e, com certeza, não o que percebe como "normal". Não há lei que determine que toda mulher precisa ter filhos, e ter um filho por qualquer um dos outros meios só deve ser tentado se ela realmente o desejar, e não porque todas as outras pessoas parecem ter filhos.

Se você decidir que quer ter um filho por meio da adoção, da tutela ou mesmo de uma mãe de aluguel, então – e só então – deverá procurar obter o máximo de aconselhamento possível. Não de familiares e amigos, mas de profissionais que, ao mesmo tempo em que estão preparados para lhe explicar todas as possibilidades e todos os problemas, também sabem que não lhes cabe dar opiniões sobre o que fazer ou que decisão deve ser tomada. Seu médico, terapeuta, enfermeira ou grupo de ajuda podem lhe fornecer informações sobre qualquer uma dessas possibilidades, mas cabe a você tomar a decisão.

Para aquelas que não receberam essa notícia devastadora e que, portanto, não devem ter maiores dificuldades para encarar outra gravidez, existe a questão de quando seria a melhor hora para tentar novamente.

A resposta a essa questão também varia de uma mulher para outra. Algumas sentem que desejam engravidar de novo o mais rápido possível – não para "substituir" o bebê que perderam, já que isso não seria possível, mas porque seu instinto materno foi despertado pela gravidez anterior.

Lynne havia engravidado pela primeira vez antes planejado, mas ela e seu marido haviam ficado muito felizes com a notícia e começaram a aguardar ansiosamente a chegada do bebê.

Então, na 17ª semana de gravidez Lynne perdeu a criança sem nenhuma causa aparente. Seu médico usou aquela expressão horrível para lhe dizer que era uma daquelas "coisas da vida".

Já em casa e começando a superar o sentimento de desespero pela perda do bebê, Lynne surpreendeu-se ao perceber que sentia um desejo desmedido de engravidar de novo o mais cedo possível. "Eu não sabia se era algo físico – você sabe, meu corpo havia começado a se preparar para o bebê que estava carregando – ou se era um estado emocional e, tendo descoberto que eu me tornaria mãe, realmente comecei a sentir um forte desejo maternal", foi como Lynne tentou explicar-me a situação.

Outras mulheres sentem que – tanto por razões físicas como mentais – elas precisam de um tempo sem estar grávidas. Em parte, para dar ao corpo tempo para se recuperar das mudanças hormonais e do trauma sentido durante a gravidez e o aborto. E em parte para lhes dar tempo de entender suas emoções confusas e permitir-se esperar o necessário para admitir a perda do bebê e deixar a ferida

100 *Aborto espontâneo*

cicatrizar. Esse tempo também permite que ela compartilhe com seu parceiro aquela intimidade que o sofrimento comum pode proporcionar ao casal.

Alguns casais – especialmente aqueles que são capazes de falar abertamente sobre o que sentem e que sabem demonstrar um ao outro a profundidade de suas emoções – sentiram que sua relação saiu fortalecida da experiência de perda que tiveram de suportar juntos. Como esse fato dá à relação uma base mais profunda e madura, muitos aproveitam a oportunidade para curtir essa intimidade antes de voltar a pensar na possibilidade de ter outro filho.

Existe também o perigo de, se um deles parecer demasiadamente ansioso para ter outro bebê, o outro achar que a relação sexual, que deveria ser uma experiência prazerosa, tornou-se mecânica e com a finalidade única de conceber. Isso pode prejudicar a confiança de qualquer uma das partes, se ela sentir que está ali apenas para cumprir seu papel na concepção, e não porque é especial para o outro.

Quando chegar a hora – qualquer que seja – de considerar a possibilidade de engravidar novamente, a mulher pode perceber que seus sentimentos sobre gravidez mudaram. Sua confiança em si mesma e no funcionamento de seu corpo pode ter sido abalada. Antes, ela provavelmente considerara a gravidez e o parto algo que fazia parte das capacidades de toda mulher, sendo a coisa mais natural e simples do mundo. Mas agora, obviamente, sabe que as coisas não são bem assim. Ela pode começar a duvidar de si mesma e de sua capacidade para fazer o que "todas as outras mulheres" parecem ser capazes.

A possibilidade de se sentir preparada para pensar em engravidar novamente pode também depender, em alguma medida, de quantos abortos ela sofreu e em que estágio da gestação ocorreram.

Sonia soube que estava grávida apenas duas semanas antes de abortar. Era a sua primeira gravidez, e depois de

Encarando o futuro 101

ter ouvido a explicação de que não era incomum uma primeira gravidez ainda em fase inicial acabar em aborto, ela passou a considerar o que havia acontecido mais como um problema médico do que como a perda de um bebê. Foi talvez por isso que conseguiu aceitar com bastante facilidade o fato de estar grávida novamente dois meses depois.

Valerie, entretanto, estivera grávida por quase cinco meses e meio quando perdeu o menino que estava esperando. Embora, como Sonia, essa fosse sua primeira gravidez, ela teve muito mais tempo para se acostumar à idéia da maternidade. Havia sentido o bebê se mexer dentro de sua barriga, havia passado certo tempo pensando em como ele seria, havia escolhido um carrinho para ele e começado a decorar seu quarto. Para Valerie, esse era seu bebê – não havia modo de considerar sua gravidez como algum tipo de doença.

Como tinha a perda de seu filho para lamentar, Valerie precisou de vários meses para poder encarar o fato de que havia uma decisão a ser tomada quanto a engravidar de novo. A perda fora demasiadamente grande, a dor muito intensa para ela poder tomar qualquer decisão imediata.

Você não precisa de tempo só para tentar superar a perda e lamentá-la, mas também para o seu corpo se recuperar. Afinal, ele passou pelas mudanças hormonais relacionadas com a gravidez e havia começado a se preparar para o parto – e então teve de lidar com o trauma e, é possível, com as dificuldades físicas do aborto.

Idealmente, para voltar a ter confiança no futuro, você precisa não apenas recuperar seu estado de saúde anterior, mas estar em ainda melhores condições de saúde do que antes. E isso vale tanto para a mulher quanto para o homem. O esperma que o homem está sempre produzindo leva até 12 semanas para amadurecer. Quando imaturo, o esperma pode ser afetado negativamente pela alimentação e pelo *stress* do homem, bem como pelo fumo e excesso de álcool; ele se torna mais pobre tanto em qualidade quanto

102　*Aborto espontâneo*

em quantidade. Por isso, é igualmente importante que a saúde e o estilo de vida do homem sejam levados em conta antes da concepção.

Não se está tentando dizer que se o aborto ocorreu foi por culpa de alguém. Nem que, mesmo que o casal faça o possível para se preparar para uma gravidez no futuro, há garantia de sucesso. Mas ainda assim faz sentido tentar fazer que as condições sejam as melhores possíveis antes da concepção. Afinal, você não escalaria uma montanha usando apenas um vestido de algodão e sandálias! É possível que tudo corra bem, mas é menos provável do que se estivesse devidamente preparada.

A preparação para a concepção deve ser encarada com a maior sensibilidade possível. Ela dá ao bebê sua melhor chance de vida e mais paz de espírito aos futuros pais, por saberem que fizeram tudo que puderam para garantir uma concepção, uma gravidez e um parto saudáveis e seguros.

Em seus boletins, a Association for the Promotion of Pre-Conceptual Care, Foresight, afirma:

OS OBJETIVOS DA FORESIGHT

Tomamos todas as medidas possíveis para assegurar que todo bebê nasça com saúde perfeita, livre de qualquer deficiência física ou mental e sem quaisquer problemas de saúde. A Foresight abarca três planos de ação:

1. Assegurar que ambos os pais tenham uma ótima saúde e uma alimentação balanceada antes da concepção.
2. Estimular a pesquisa destinada à identificação e remoção de possíveis problemas de saúde no bebê em desenvolvimento, especialmente com respeito ao meio ambiente.
3. Apresentar os fatos e procedimentos da Foresight Pre-Conceptual Care, de maneira que os futuros pais sejam motivados a optar por contribuir ativamente para aumentar a saúde e a felicidade de sua família.

A Foresight foi fundada em 1978. Seus dois principais objetivos são: primeiro, proteger a saúde da criança em gestação incentivando uma assistência efetiva pré-concepção e, segundo, promover a pesquisa sobre os efeitos de vários aspectos do meio ambiente sobre a saúde pré-concepção.

Além de oferecer ajuda e aconselhamento a *ambos* os futuros pais sobre temas como alimentação ideal e problemas relacionados com o consumo de fumo e álcool durante a gravidez, a Foresight fornece informações sobre problemas como alergias e poluição por metais pesados, exames para verificação de possíveis infecções geniturinárias, suplementos de vitaminas e minerais e realização de exames de ultra-som.

Um boletim informativo é enviado a seus membros três vezes por ano. Também é possível estabelecer contato com um clínico da Foresight mais próxima, que poderá lhe dar a ajuda e as informações de que você necessita.

Uma mulher que já passou por mais de um aborto – particularmente se nunca deu à luz uma criança saudável – pode levar mais tempo para considerar a possibilidade de voltar a engravidar. Do que quer que a lógica e a estatística tentem convencê-la, ela perdeu sua confiança em todo o processo de concepção-gravidez-parto. Mesmo que ela tenha recebido um atestado de saúde afirmando que a possibilidade de ocorrer um novo aborto seja muito improvável, ninguém poderá garantir que não irá abortar de novo.

Todos sabemos que voltar a engravidar – ou mesmo dar à luz uma criança muito amada e saudável – jamais substituirá a criança que você perdeu nem compensará a tristeza que sentiu. Mas em alguns aspectos pode ajudar a relativizar o aborto em sua vida. Foi um acontecimento triste de sua vida, que você preferia que não tivesse existido, mas ele não precisa continuar sendo seu ponto principal.

104 Aborto espontâneo

A inflexibilidade é uma reação comum da mulher ao aborto, afirmando que nunca mais quer voltar a engravidar. Para muitas, entretanto, essa é uma reação espontânea ao trauma e não dura muito. Algumas mulheres, no entanto, que atingiram um estágio em que são capazes de considerar seu futuro com mais calma e racionalidade e ser menos influenciadas pelas pressões que lhe são impostas pelos outros, tomam a decisão de evitar engravidar de novo. Essa resolução talvez seja menos difícil para aquelas que já têm um ou mais filhos.

Josie estava com 39 anos e já tinha duas filhas quando engravidou pela terceira vez. Era uma gravidez desejada tanto por ela quanto por seu marido, Jeremy, e eles estavam muito felizes. Ambos acabaram ficando profundamente tristes quando, na 14ª semana, Josie abortou.

Josie ficou surpresa com o fato, já que jamais tivera qualquer problema das outras vezes. Mas, ao mesmo tempo, ela sentiu-se grata pelo fato de o aborto ter ocorrido antes de terem contado às meninas sobre a possibilidade de um futuro irmãozinho – e, portanto, não tiveram de dar-lhes maiores explicações.

Embora essa gravidez tivesse sido desejada, Josie decidiu que não tinha condições para tentar outra vez. Havia várias razões para isso. Apesar de não ser muito velha, sabia que, perto dos 40 anos, era mais provável que surgissem complicações, e concluiu que não suportaria enfrentar os possíveis riscos. Além disso, achou que a ansiedade que sentiria se voltasse a engravidar provavelmente afetaria não apenas ela própria, mas também seu marido e, indiretamente, suas duas filhas, e que isso ela não suportaria. Ela amava as filhas e o marido e sentiu que sua família já estava completa.

Annette e Steve, em contrapartida, haviam tentado por muitos anos ter um filho. Não só havia demorado para que Annette ficasse grávida em cada uma das vezes, mas ela

Encarando o futuro **105**

também já tinha passado por três abortos e sentia que não suportaria passar por isso de novo. A ansiedade... a espera... as dúvidas... os medos... a perda – bastava tudo que já havia passado. Ela sentia-se mental e fisicamente esgotada e achava que estava perdendo sua identidade como pessoa nessa tentativa de ter uma família.

Annette e Steve exploraram a possibilidade de obter a guarda provisória de um bebê, mas por diversas razões essa não pareceu ser uma solução viável para eles. Não tinham vontade de criar uma criança apenas para perdê-la novamente quando o motivo da tutela acabasse. Por fim, depois de muitas discussões entre si e com um terapeuta que consultaram, decidiram que não tentariam mais e que optariam por uma vida sem filhos.

Como Annette me contou:

Eu amo muito o Steve e as dificuldades que passamos juntos fizeram que nos aproximássemos ainda mais. Mas parecia que passamos anos nos preocupando com a possibilidade de sermos pais... Era hora de parar com isso e pensar em nós. Afinal, nos casamos porque queríamos ficar juntos, não porque queríamos ter filhos.

Não posso fingir que isso não tenha me decepcionado ou que não preferíssemos que as coisas fossem diferentes, mas não é o fim do mundo e chegamos a um entendimento sobre isso.

De fato, uma vez tomada essa decisão, senti como se um enorme peso tivesse sido retirado de meus ombros. Foi difícil tomá-la, mas viver com ela é surpreendentemente fácil.

Entre mulheres que decidem tentar de novo, algumas, uma vez tomada a decisão, engravidam muito rapidamente, enquanto outras surpreendem-se com a demora. Não é muito difícil entender isso, uma vez que é fato reconhecido que a tensão e o *stress* podem dificultar a concepção – e quem

106   *Aborto espontâneo*

pode estar mais tensa do que a mulher que já passou por um ou mais abortos e está ansiosa quanto à possibilidade de ter um filho?

Mandy tinha um menino de quase 5 anos quando a conheci. Depois do nascimento do garoto, Mandy havia tido dois abortos – ambos no início da gravidez. Em todas as três vezes ela havia engravidado quase imediatamente após ter desejado, mas dessa vez, ansiosa por dar um irmãozinho ou irmãzinha para Daniel, nada parecia acontecer.

Ela havia se submetido a consultas e exames, e todos haviam lhe dito que não havia nenhuma razão física para que não engravidasse, mas nada aconteceu.

Para Mandy, essa situação era muito difícil. Todo mês ela esperava ansiosamente, mas suas esperanças eram derrotadas pela vinda da menstruação. Isso era não apenas uma grande frustração, mas parecia reavivar as lembranças dos abortos com toda a sua tristeza. Como ela me disse, "era como remexer numa velha ferida todos os meses".

Quanto mais isso se repetia, mais desesperada Mandy ficava para ter outro filho. Ela tinha consciência de que estava envelhecendo e também de que quanto mais tempo levasse para engravidar, maior seria a diferença de idade entre Daniel e o novo filho.

Mandy foi ficando, compreensivelmente, muito nervosa, e foi só depois de termos trabalhado juntas para ela relaxar mais em todos os sentidos que acabou engravidando – após 14 meses de tentativas. E dessa vez ela conseguiu dar a Daniel uma linda irmãzinha.

Como a tensão dificulta a concepção, a situação muitas vezes se autoperpetua. Com a decepção a cada início de menstruação, a mulher tende a ficar mais tensa e sob uma pressão cada vez maior. Isso faz que fique ainda mais tensa e, desta forma, com menor chance de engravidar... e assim por diante.

No Capítulo 6 deste livro, dedicado à auto-ajuda, descrevi em detalhes as técnicas de relaxamento e visualização que venho usando há anos com pacientes que têm dificuldades para conceber (independentemente de terem abortado) com grande êxito. Embora não seja possível provar que o uso dessas técnicas tenha sido o único fator responsável pelas respectivas concepções, certamente ajudou muito para torná-las possíveis. Em certos casos, a prática de uma técnica de relaxamento pode realmente precaver contra a ameaça de aborto. Se você está se preparando para conceber outro filho, o relaxamento e a visualização com essa finalidade específica podem ajudá-la tanto a ser mais otimista quanto mais receptiva.

Os problemas, porém, não acabam quando a mulher volta a engravidar. Depois de ter passado pela experiência de outra gravidez que acabou em aborto, as emoções da mulher são, dessa vez, totalmente diferentes. Enquanto antes de ter perdido uma criança os medos e ansiedades que acompanham toda gravidez eram em grande parte encobertos pela alegria e pelo entusiasmo, dessa vez é muito difícil manter-se otimista. É provável que a mulher nessa situação sinta toda a gama de sentimentos, desde alegria e esperança até medo e ansiedade, resultantes de seu aborto anterior. É também quando, por melhor que ela esteja se sentindo fisicamente, as lembranças do que aconteceu da última vez podem ser reavivadas, trazendo consigo novos momentos de sofrimento pela perda da criança.

A hora mais difícil provavelmente é aquela em que a gravidez se aproxima da data em que a mulher sofreu o aborto. Já é muito duro perder o bebê na 12ª semana, mas quase intolerável, digamos, na 20ª semana. Ela tem todo esse tempo de espera para ver se, dessa vez, vai dar certo.

Donna estava grávida de novo depois de ter abortado na 14ª semana. Dessa vez tudo parecia estar indo bem – ela estava na 20ª semana e todos os exames e imagens eram positivos. Mas como ela mesma disse, sentiu-se traída. Esse deveria ter sido um momento em que deveria sentir-se muito

108   *Aborto espontâneo*

contente por estar esperando seu filho, mas mesmo então ela tinha muito medo de ficar esperançosa ou mesmo de confiar na situação. Era como, em suas palavras, estar esperando escorregar numa casca de banana. Parecia-lhe injusto ter sido privada da chance de ser feliz.

Mesmo quando tudo está indo bem, a gravidez, particularmente a primeira, é um período de sensações físicas estranhas. São os movimentos do bebê em sua barriga; você pode ter incômodos, como gases, prisão de ventre e dor nas costas. Todos esses problemas podem fazer parte da gravidez, mas para quem já sofreu um aborto, cada dorzinha apavora porque pode ser um sinal de que tudo está indo mal de novo. Se você está sentindo esse tipo de medo, é importante procurar acalmar-se o máximo possível. Portanto, pare tudo, respire profundamente algumas vezes e relaxe. Tente encontrar alguma explicação lógica para as suas sensações – elas costumam desaparecer espontaneamente quando você relaxa. Se você continuar preocupada ou insegura, procure conversar com seu médico.

É também provável que os sentimentos da mulher sejam bem diferentes quando se trata dos preparativos para a chegada do novo bebê.

Alison havia perdido sua menina na 22ª semana da primeira gravidez. Até que isso de fato acontecesse, havia se sentido muito bem e, juntamente com seu namorado, Nigel, feito todos os preparativos. Compraram roupinhas de bebê colocaram-nas ordenadamente no armário. Arrumaram o quarto do bebê e discutiram possíveis nomes.

Dessa vez as coisas foram bem diferentes, e Alison percebeu que o único modo de lidar com a situação era praticamente fazer de conta que não estava grávida – levando a vida como sempre levara, com a diferença de que sua barriga estava crescendo. Ela não queria saber o sexo do bebê que estava esperando, porque, se acontecesse o pior, não sofreria tanto a perda quanto se soubesse que era um menino ou uma menina.

Não queria saber de nomes nem de tipos de carrinho. E, embora o quarto preparado jamais tivesse sido usado, Alison achou que ele deveria ser totalmente redecorado, uma vez que o anterior havia sido preparado para a menina que nunca chegou a vê-lo.

Após tomar a decisão de agir dessa maneira e de evitar "atrair a fatalidade" (como ela disse), Alison achou que essa gravidez seria mais fácil – mas não foi o que aconteceu. Dessa vez, além de todas as outras emoções com as quais tinha de lidar, no fundo se sentia culpada por achar que o bebê que estava esperando pudesse sentir que não era amado ou desejado.

Maggie disse que, quando ficou grávida depois de ter abortado duas vezes, só foi uma vez ao curso pré-natal por se sentir totalmente estranha ali. "Lá estavam todas aquelas mulheres", ela disse, "achando que tudo ia acabar bem. Eu não conseguia ser como elas, pois já tinha a experiência de como as coisas podiam dar errado e do quanto isso era devastador. Não podia dizer a ninguém como me sentia porque não queria acabar com a confiança delas ou gerar dúvidas em sua mente."

Maggie também não se sentiu à vontade para ir às reuniões de seu grupo local da Miscarriage Association. "Sei que é idiota", ela me confessou, "mas me senti constrangida por já estar grávida e elas não. Também pelo simples fato de, estando lá, lembrar-me do que poderia me acontecer."

Como falar sobre o que está sentindo sempre faz bem a qualquer pessoa, foi muita sorte Maggie ter descoberto por acaso que sua vizinha – uma mulher na casa dos 50 anos, com filhos e netos – havia sofrido dois abortos quando era jovem. Agora Maggie podia falar com alguém que era a prova viva de que era possível ter uma família mesmo depois de dois abortos e que, ao mesmo tempo, podia enten-

110   *Aborto espontâneo*

der o que ela estava sentindo de uma maneira que poucas pessoas – por mais bem-intencionadas que fossem – conseguiriam.

Esse é um momento em que cada mulher tem de encontrar seu modo de balancear os sentimentos de fragilidade. Algumas acham mais fácil não dizer nada a ninguém sobre a gravidez – a não ser às pessoas mais próximas – antes que ela se torne evidente. Já é bastante difícil suportar as dúvidas do que pode vir a acontecer sem sentir que todo mundo está de olho em você. Não há nada de errado em querer manter a gravidez em segredo, só que talvez torne as coisas um pouco mais difíceis se você sentir enjôo, mal-estar ou indisposição para fazer aquilo que costumava fazer.

Que a mulher prefira seguir o caminho da superstição e recuse-se a fazer os preparativos para o bebê é compreensível. Mas, do ponto de vista do bebê, quanto mais cedo for estabelecida a comunicação entre mãe e filho, melhor. Os hipnoterapeutas podem provar que o bebê no útero percebe as emoções – alegria, tristeza, raiva, ternura etc. Por isso, é extremamente importante que um vínculo de amor seja estabelecido o mais cedo possível, mesmo que seja mais difícil para a mãe caso ela venha a abortar. Mas isso tem de ser pesado em favor dos benefícios para a criança se tudo acabar bem. (Você vai saber mais detalhes sobre como estabelecer esse vínculo com o bebê nas páginas seguintes.)

Acima de tudo, qualquer pessoa que tenha passado por uma experiência tão traumática quanto o aborto precisa encontrar alguém com quem falar – de preferência que possa entender o que a pessoa sofreu, mas que não esteja diretamente envolvida com sua vida pessoal.

Existem médicos e enfermeiras que são ótimos para isso e outros que parecem ficar incomodados e perturbados. Eis alguns dos comentários feitos sobre eles por algumas das mulheres que entrevistei:

Encarando o futuro **111**

- "Minha médica foi simplesmente maravilhosa. Devo tê-la deixado louca, indo atrás dela toda vez que sentia uma dorzinha desconhecida, mas ela nunca perdeu a paciência comigo. Chegou até a providenciar para que eu fizesse um ultra-som a mais em determinado momento, simplesmente para me acalmar."
- "Eu quase podia ver meu médico suspirar toda vez que entrava em seu consultório. Ele tinha o nariz tão empinado que olhava para mim como se eu tivesse dois anos de idade."
- "Entrei em pânico em determinado momento porque há muito tempo não sentia o bebê se mexendo. O médico foi muito atencioso e me providenciou quase imediatamente um ultra-som."
- "Eu já havia abortado duas vezes, mas após a primeira consulta e a confirmação de que eu estava grávida, ele disse apenas que eu deveria voltar para uma nova consulta dentro de 18 semanas. Lembrei-lhe que havia abortado duas vezes, ambas por volta da 12ª semana, mas ele disse que isso não mudava nada."
- "A enfermeira que cuidou de mim quando estava esperando minha filha foi a mesma que estivera comigo quando abortei. Ela foi maravilhosa. Sabia quanto eu estava nervosa e telefonava para bater papo e saber como eu estava. Às vezes dava uma passada lá em casa quando vinha do trabalho e ficava alguns minutos comigo, sentindo o bebê se mexer, escutando seus batimentos cardíacos e, em geral, procurando me acalmar. Não sei o que teria sido de mim sem ela."

Se você tem a sorte de ter a seu redor pessoas que entendem como está se sentindo e que lhe dão a chance de expressar seus medos para então garantir que tudo vai sair bem, ótimo. Se não, você poderia talvez procurar conversar com um profissional atencioso – alguém que possa lhe dedicar o tempo de que você está precisando.

CAPÍTULO 9

Ajuda em todas as fases da gravidez

1. VOCÊ PERTENCE A UM GRUPO DE RISCO?

Qualquer mulher pode abortar, mas há certas categorias que correm mais risco do que outras, e essas serão relacionadas a seguir. Se você pertence a uma dessas categorias, não se preocupe – não quer dizer que tende a abortar ou que não pode ter filhos. A lista foi simplesmente incluída aqui para que você possa saber mais sobre a situação e tomar os devidos cuidados durante a gravidez. Além disso, se tiver alguma dor ou sentir algo estranho, é ainda mais importante (embora possa vir a ser comprovado não ser nada de grave) que você procure ajuda.

Entre as categorias de maior risco estão:

- As mulheres cuja gravidez foi resultado de algum tratamento de fertilidade. Por definição, pelo fato de esse tratamento ter sido necessário, essas mulheres podem ter mais dificuldade do que as outras durante a gravidez. É essencial, por isso, que se cuidem e descansem muito mais.
- As mulheres que engravidaram em idade mais avançada. Isso aplica-se particularmente àquelas que ainda não tiveram filhos.

114 *Aborto espontâneo*

- Aquelas que estão esperando dois ou mais gêmeos. O repouso é essencial para essas mulheres, especialmente à medida que a gestação avança.
- As mulheres que começaram a menstruar antes da idade prevista. Foi comprovado que elas têm maior probabilidade de abortar do que as que começaram a menstruar mais tarde.

O que fazer

Se você pertence a uma dessas categorias – e especialmente se já abortou alguma vez –, procure tomar cuidados especiais antes de engravidar de novo.

Diversas terapias complementares – como homeopatia, fitoterapia e acupuntura – têm condições de colocá-la no melhor estado de saúde possível para conceber, gerar e dar à luz um filho.

A aromaterapia pode ajudar a relaxar e a aliviar as tensões, bem como a hipnoterapia. Esta última também faz uso de técnicas de visualização e pensamento positivo, combinadas com a hipnose, para deixá-la pronta para ter uma gravidez bem-sucedida.

A organização Foresight fornece informações sobre as dietas ideais e outros recursos que podem colocar você e seu parceiro em ótimas condições de saúde antes de conceberem. Dessa maneira, tanto a mãe quanto o bebê terão melhor saúde e, portanto, mais chances de uma gravidez bem-sucedida.

2. PRIMEIROS SINAIS

Qualquer um dos sintomas descritos a seguir pode indicar que existe o risco de aborto. Não quer dizer necessa-

Ajuda em todas as fases da gravidez 115

riamente que o aborto deva ocorrer, mas se você tiver um ou mais desses sintomas, deve procurar seu médico para fazer um *check-up*. Ele não apenas vai confirmar que tudo está bem, mas também acalmá-la e, com isso, reduzir o nível de tensão.

- Constantes dores abdominais ou nas costas. É claro que elas podem ter outras causas. É também possível que você as tenha mesmo antes de saber que está grávida. Mas se você souber, não as ignore e procure ajuda o mais cedo possível.
- Sangramento vaginal (especialmente se o sangue estiver coagulado).
- Cólicas – semelhantes às menstruais. Também é possível que você as sinta mesmo antes de descobrir que está grávida.

O que fazer

- Chame o médico e fique em repouso. O médico poderá avaliar a situação, mas vai precisar de sua ajuda. Você terá de informá-lo sobre tudo que souber sobre a dor e o sangramento: quando começou, nível de intensidade, se é constante ou intermitente etc. O médico pode decidir fazer um exame de toque do útero ou um teste de gravidez por meio da urina. Em certos casos, a progesterona é aplicada, se for necessário – a deficiência desse hormônio pode ser uma das causas do aborto.
- Você pode ser levada para o hospital, simplesmente para repousar e ficar sob observação ou para a aplicação de progesterona por gotejamento.
- Você deve ir para a cama e permanecer deitada e só levantar para ir ao banheiro. Procure ter alguém para

116 *Aborto espontâneo*

lhe trazer as refeições e fazer companhia. Não vai lhe fazer nenhum bem ficar deitada pensando na possibilidade de abortar.

Esse repouso total deve fazer parar o sangramento em 24 horas. Se isso não acontecer, entre em contato com seu médico ou com o departamento ginecológico do seu hospital. Provavelmente você será internada para ficar em observação.

- Se possível, tente relaxar. Sei que é muito mais fácil dizer do que fazer isso numa hora dessas, mas realmente pode fazer toda diferença. Talvez escutar uma fita de relaxamento ajude. Esse é um momento em que a hipnoterapia poderá auxiliá-la com as técnicas extremamente benéficas de visualização, pensamento positivo e relaxamento. Não vai fazer grande diferença se você estiver numa situação em que o aborto é inevitável, mas pode prevenir aqueles que ocorrem por excesso de tensão.
- Procure ocupar sua mente com outras coisas que não o medo de abortar enquanto descansa fisicamente – mesmo que seja por breves períodos de tempo.

O ideal, nessas circunstâncias, é ter alguém com quem conversar, pois assim você terá de prestar atenção no que a outra pessoa está dizendo para poder responder. Mas deve ser alguém que seja suficientemente sensível e compreensivo para perceber quando você está ficando cansada e deixá-la relaxar.

Se você não tem ninguém que possa passar algumas horas ao seu lado, procure ler, ouvir rádio, ver televisão e fazer palavras cruzadas para manter a mente ocupada.

3. FUTURA GRAVIDEZ

- Se, como conclusão de um exame médico, você é informada de que provavelmente não poderá ter filhos ou que não seria conveniente que tivesse, talvez queira considerar a possibilidade de adoção ou tutela de uma criança. Mas não se precipite em fazer isso. Embora essa possa ser uma ótima solução – tanto para os pais quanto para a criança que, do contrário, poderia passar a vida num orfanato –, é algo que deve ser pensado com calma, e não decidido como uma reação desesperada ao aborto.
- Se esse não for o seu caso, a maioria dos médicos concorda que você poderá tentar de novo depois de dois meses de menstruação regular. Mas mesmo que isso seja possível, estar ou não preparada para tentar de novo depende inteiramente de você. Ninguém é igual a ninguém, e todos reagimos de maneira diferente. Portanto, só você pode saber se está pronta para tentar engravidar de novo.
- Depois de ter passado pela experiência terrível de um aborto (ou de vários), é natural você ter medo do que pode acontecer em uma futura gravidez. Mas as estatísticas mostram que mesmo as que tiveram o azar de passar por três abortos ainda têm mais de 50% de chance de conseguir um parto bem-sucedido no futuro.

Vimos que muitos médicos não encaram o aborto como problema real antes de a mulher ter abortado três vezes. Se não quiser que isso aconteça com você, procure fazer uma consulta com um especialista – peça indicações a seu médico.

118 *Aborto espontâneo*

- Antes de tentar engravidar de novo, entre em contato com seu médico, terapeuta ou grupo de ajuda, para que você e seu parceiro possam fazer o possível para preparar-se para uma gravidez tranqüila e o nascimento de uma criança saudável. Ao mesmo tempo, use seu bom senso quando se trata de alimentação, exercício e relaxamento.
- Foi comprovado que o apoio emocional externo em uma situação como essa pode ser extremamente benéfico; portanto, consulte um terapeuta complementar para obter esse apoio.
- Se você está tomando pílula anticoncepcional, procure usar um método alternativo durante cerca de seis meses antes de tentar engravidar de novo.

4. DURANTE A GRAVIDEZ

- Evite tomar álcool – principalmente bebidas destiladas e vinho tinto.
- Pare de fumar, se ainda não o fez. Além dos danos a longo prazo tanto para você quanto para a criança, o fumo pode duplicar as chances de aborto.
- Evite levantar qualquer tipo de peso e arrastar objetos pesados de um lugar para outro.
- Procure descansar bastante, especialmente quando se aproxima o período em que abortou da outra vez. Você não tem como evitar totalmente a tensão, mas pratique uma técnica de relaxamento profundo.
- Procure orientações profissionais sobre dieta, alimentação, necessidades de vitaminas e minerais etc. Não apenas será melhor para sua saúde – e a do bebê –, mas também o fato de saber que você está assumindo o controle da situação aumentará seu nível de confiança.

Ajuda em todas as fases da gravidez **119**

- Siga seus instintos quando a questão for fazer planos para o bebê e quanto eles devem ser detalhados. Se já teve alguma experiência negativa ao fazer planos, deixe os detalhes para depois. Entretanto, se sentir que está pronta para fazer esses preparativos, como decoração do quarto e compra de enxoval, siga em frente. É importante que você aja de modo a sentir-se bem, e não como outros acham que deve agir.

- Tire um tempinho diário para conversar com seu bebê, sentada ou deitada confortavelmente – talvez com música suave no fundo. Converse com o bebê – em voz alta ou mentalmente – reafirmando seu amor, quanto ele ou ela é desejado(a) e falando do futuro maravilhoso que terão juntos. Já foi comprovado muitas vezes que esse tipo de conversa mantém o bebê calmo e satisfeito no útero e também depois de nascido.

- Procure fazer uma das terapias complementares descritas neste livro, sem esquecer de informar o terapeuta de que você está grávida quando procurá-lo, mesmo que ainda não seja visível. Isso fará diferença nos medicamentos que ele prescrever ou no tipo de exercício ou massagem que indicar.

- Desfrute de sua gravidez. O fato de algo ter dado errado da outra vez não quer dizer que o mesmo irá acontecer de novo. Pense em quantas vezes você caiu quando pequena – e mesmo assim não passou a vida com medo de acontecer de novo. Procure não estragar o que pode ser um período maravilhoso preocupando-se com o passado – desfrute esse tempo sentindo-se feliz e satisfeita, antecipando a alegria que terá quando o bebê nascer.

CONCLUSÃO

Por mais que o aborto seja um fato triste e lamentável, já foi comprovado que, desde que não haja algum problema físico mais grave, a maioria das mulheres que abortam acaba tendo um ou mais filhos saudáveis. É importante ter isso em mente ao considerar seu futuro e a família que espera formar.

Leituras complementares

ALLEN, M. & MARKS, S. *Miscarriage, sharing from the heart.* Chichester: Wiley, 1993.

HILL, S. *Family.* Londres: Michael Joseph, 1989.

ILSE, S. & HAMMER BURNS, L. *Empty arms.* Doswell: Wintergreen, 1990.

MARKHAM, U. *Elements of visualization.* Shaftesbury: Element Books, 1993.

——————. *Women and guilt.* Londres: Piatkus Books, 1995.

PICKARD, B. *Eating well for a healthy pregnancy.* Londres: Sheldon Press, 1984.

CASSETES

As fitas com as aulas de auto-hipnose de Ursula Markham encontram-se disponíveis no seguinte endereço:

The Hypnothink Foundation
PO Box 66
Gloucester
GL2 9YG
Reino Unido

OUTROS TÍTULOS DE URSULA MARKLAN NOS GUIAS ÁGORA

- *Luto;*
- *Traumas de infância.*

Índice remissivo

Acupressura, 91
Acupuntura, 90
Adoção, 98
Álcool, 11, 102
Alergias, 103
Alimentação, 11, 102
Aromaterapia, 24, 92, 114
Blighted ovum, 25
Cremação, 50
Crianças, 70
Culpa, 20
Culto, 55
Dilatação e curetagem, 12
Dores, 28
Espírito, 52
Fertilização *in vitro*, 52
Fitoterapia, 93, 114
Florais de Bach, 93
Foresight, 102, 114
Fotografias, 58
Fumo, 11, 102
Funeral, 50
Gravidez futura, 99, 117
Gravidez interrompida, 20
Grupos de risco, 113
Hipnoterapia, 24, 42, 94
Homens, 66
Homeopatia, 93
Incompetência ístmico-cervical, 11, 43, 44

Ioga, 24
Lembrança, 60
Luto, 17
Medo, 23, 44, 107
Miscarriage Association, 13, 75, 98, 117
Negação, 15
Ouvir, 66
Parto de natimorto, 12
Preparação para a concepção, 102
Primeiros sinais de aviso, 114
Produção de leite, 47
Raiva, 18
Reencarnação, 57
Relaxamento, 37, 77
Religião, 56
Ressentimento, 24, 32
Roteiro de relaxamento, 81
Sangramento, 34
Sexo, 67
Sintomas, 33
Sono, 84
Stress, 37, 77, 102
Técnica de Alexander, 92
Terapias complementares, 89, 119
Trabalho de parto, 37
Tutela, 98
Ultra-sonografia, 29, 39, 103
Visualização, 84

A autora

Ursula Markham é hipnoterapeuta e autora de diversos livros de auto-ajuda de grande sucesso. Além de dirigir com êxito sua própria clínica, ela profere palestras e conduz oficinas e seminários na Grã-Bretanha e em outros países. Participa freqüentemente de programas de rádio e televisão e é diretora da Hypnothink Foundation, responsável pela formação de profissionais em hipnoterapia.

IMPRESSO NA
sumago gráfica editorial ltda
rua itauna, 789 vila maria
02111-031 são paulo sp
telefax 11 **6955 5636**
sumago@terra.com.br

--- dobre aqui --- --- --- --- --- --- --- --- --- --- ---

ISR 40-2146/83
UP AC CENTRAL
DR/São Paulo

CARTA RESPOSTA
NÃO É NECESSÁRIO SELAR

O selo será pago por

SUMMUS EDITORIAL

05999-999 São Paulo-SP

--- dobre aqui --- --- --- --- --- --- --- --- --- --- ---

ABORTO ESPONTÂNEO

CADASTRO PARA MALA-DIRETA

Recorte ou reproduza esta ficha de cadastro, envie completamente preenchida por correio ou fax, e receba informações atualizadas sobre nossos livros.

Nome: _____ Empresa: _____
Endereço: ☐ Res. ☐ Coml. _____ Bairro: _____
CEP: _____-_____ Cidade: _____ Estado: _____ Tel.: ( ) _____
Fax: ( ) _____ E-mail: _____
Profissão: _____ Professor? ☐ Sim ☐ Não Disciplina: _____ Data de nascimento: _____

1. Você compra livros:
☐ Livrarias ☐ Feiras
☐ Telefone ☐ Correios
☐ Internet ☐ Outros. Especificar: _____

2. Onde você comprou este livro? _____

3. Você busca informações para adquirir livros:
☐ Jornais ☐ Amigos
☐ Revistas ☐ Internet
☐ Professores ☐ Outros. Especificar: _____

4. Áreas de interesse:
☐ Psicologia ☐ Comportamento
☐ Crescimento Interior ☐ Saúde
☐ Astrologia ☐ Vivências, Depoimentos

5. Nestas áreas, alguma sugestão para novos títulos? _____

6. Gostaria de receber o catálogo da editora? ☐ Sim ☐ Não
7. Gostaria de receber o Ágora Notícias? ☐ Sim ☐ Não

Indique um amigo que gostaria de receber a nossa mala-direta

Nome: _____ Empresa: _____
Endereço: ☐ Res. ☐ Coml. _____ Bairro: _____
CEP: _____-_____ Cidade: _____ Estado: _____ Tel.: ( ) _____
Fax: ( ) _____ E-mail: _____
Profissão: _____ Professor? ☐ Sim ☐ Não Disciplina: _____ Data de nascimento: _____

Editora Ágora
Rua Itapicuru, 613 7º andar   05006-000   São Paulo - SP   Brasil   Tel (11) 3872 3322   Fax (11) 3872 7476
Internet: http://www.editoraagora.com.br   e-mail: agora@editoraagora.com.br